순종이 제사보다 낫고

순종이 제사보다 낫고

박옥분 지음

"땀과 눈물로 80년을 산 박옥분 권사와
동행하신 하나님의 이야기"

Obedience

도서출판 새한

순종이 제사보다 낫고

■
초판 1쇄 인쇄 / 2022년 7월 25일
초판 1쇄 발행 / 2022년 7월 30일

■
지은이 | 박옥분
정   리 | 최승진
펴낸이 | 민병문
펴낸곳 | 새한기획 출판부

■
주 소 | 04542 서울특별시 중구 수표로 67 천수빌딩 1106호
TEL | (02)2274-7809 / 070-4224-0090
FAX | (02)2279-0090
E-mail | saehan21@chol.com

■
출판등록번호 | 제 2-1264호
출판등록일 | 1991. 10. 21

값 10,000원
ISBN 979-11-88521-61-6 03230
Printed in Korea

순종

젊은 시절 남편과 결혼하여 가정을 이룬 뒤 5남매를 낳아 키
우고 적수공권(赤手空拳)으로 시작한 사업을 일구며 행복한 시
절이 있었습니다. 무엇이든 할 수 있을 듯했고 또 해냈던 시절
이었습니다. 남들보다 일찍 성공하여 집을 짓고, 사업이 번창하
여 여러 좋은 일들을 하며 사람들의 신망을 얻었습니다. 행복했
습니다. 하지만 그 행복은 영원하지 않았습니다. 아니, 제가 살
아온 날을 다 따져보면 오히려 짧기만 했던 것 같습니다. 누군가
인생(人生)은 제로썸 게임이라고 하더군요. 그 말처럼 힘들었던
날만큼만 지속되었더라도 좋았을 텐데, 내겐 그마저도 허락되지
않았습니다. 빨리 이룬 것들이어서 그랬는지, 너무 쉽게 잃어버

리고 말았습니다.

　남편의 자아도취와 방황으로 시작되었던 불행은 우리 가족들이 거리로 나앉는 위기에 이르기까지 계속되었고, 한 번이 아니라 수차례 반복되었습니다. 그 시간이 무려 20여 년에 달하고, 결혼 생활의 2/3를 울며 기도하고, 남들의 두세 배 일해야만 간신히 삶이 유지되었습니다. 그때마다 나는 혼자 힘으로 아무것도 할 수 없음을 고백해야 했습니다. 그저 하나님 아버지 앞에 엎드려 간구할 뿐이었습니다. 나는 내 마음을 몰라주는 남편이 미웠고, 나에게 모든 것을 미뤄놓고 아무런 책임을 지지 않는, 아니 책임은커녕 사고를 치는 남편이 원망스러웠습니다. 그래서 늘 "아버지 하나님, 내 남편을 고쳐 주세요."라고 기도했습니다. 남편이 회개하고 돌아오면 모든 것이 처음처럼 정상으로 회복될 거라고 믿었던 것입니다. 하지만, 하나님께서 나에게 바라신 것은 나와 정반대로 '나의 회개'였습니다.

　왜 이제 와서야 그 모든 것이 눈에 선하게 그려지는지 아쉽기만 합니다. 배신, 절망, 근심, 걱정 등, 내 삶을 망가뜨리는 모든 원인들을 가져다 주님 앞에 내려놓고 기도할 때마다, 하나님께서는 내게 물으셨습니다.

순종이 제사보다 낫고

"사랑하는 딸아, 너는 나를 사랑하느냐?"
"사랑하는 딸아, 너는 나를 신뢰하느냐?"
"사랑하는 딸아, 너는 내 말에 순종하느냐?"

주님께 나와서 '억울하다'고 외치며 '도와달라'고 요청할 때마다, 어김없이 주님이 내게 물으시는 질문들. 그 질문 앞에서 나는 아무런 할 말을 찾지 못했습니다. 오직 자복(自服)하며 회개할 뿐이었습니다.

"아버지 하나님, 부족한 죄인이 첫사랑을 잊었습니다."
"아버지 하나님, 경솔한 죄인이 하나님을 의심했습니다."
"아버지 하나님, 교만한 죄인이 불순종하였습니다."

이렇게 하나님께 회개의 기도를 드리면, 하나님께서는 어김없이 내게 피할 길을 내어 주셨습니다. 그리고 삶에 대한 희망과 용기를 더해 주셨습니다. 문제는 내가 매번 이렇게 하나님의 인도하심과 사랑을 경험하면서도 그것을 기억하지 않고, 조금만 여유로워지면 불순종(不順從)의 길을 걸었다는 사실입니다.

남편이 나의 기도제목이고 십자가였다면, 나는 하나님의 기도제목이자 십자가였습니다.

나이 80이 넘어서 몸이 불편해지고 삶이 곤고하여 하나님께 기도하였습니다. 내 평생에 그렇게 많이 드렸던 그 기도, 곧 하나님께서 내 삶을 받아 주시기를 간구하는 기도였습니다. 다들 100세 시대에 아직 한창이라고 위로해 주기도 하지만, 삶의 굽이굽이마다 인도하신 하나님께서 내게 안식을 주시기를 바라는 것은 단순히 삶에 대한 허무함이나 고단함 때문이 아니었습니다. 이 땅에서 80여 년을 살면서 흘린 땀과 눈물이 너무 많아서 더는 흘리고 싶지 않은 것도 아닙니다. 그저 평생을 살면서 보니 모든 것들이 허무하게 흩어지고 사라지는 것들뿐인데, 오직 하나님께서 계신 천국에 대한 소망만이 내 안에서 자라나서 마치 온 땅을 덮는 나무처럼 커졌기 때문입니다. 나는 나의 부족함과 연약함을 아시는 하나님, 나의 죄와 방황을 탓하지 않으시고 돌보시며 인도하시는 하나님이 너무 좋고 감사합니다. 그래서 하나님 나라에 가고 싶은 마음뿐이었습니다. 그런데, 하나님께서 마지막 사명을 주셨습니다. 바로 나의 '보잘 것 없는 삶에 대한 간증'을 남기라는 것이었습니다. 환청이나 욕심이 아니었습니

순종이 제사보다 낫고

다. 분명히, 보잘 것 없는 삶이지만, 나를 죄 가운데 버려두지 않으시고 내가 좌절과 절망 속에서 힘겨워 할 때마다 건져내어 인도하셔서 감사와 찬송의 삶으로 인도하신 "하나님을 증언"하라는 음성이었습니다.

지난 삶을 통해 제가 배운 것은 '순종이 제사보다 낫다'(삼상 15:16)는 한 구절의 말씀이기에, 저는 이렇게 저의 이야기를 시작합니다. 나는 이 책을 통해 내가 만난 하나님, 나를 인도하신 하나님, 나를 구원하신 하나님에 대하여 고백하려고 합니다. 따라서 이 책은 "땀과 눈물로 80년을 인도하시고 동행하신 하나님의 이야기"라고 해도 좋을 것입니다.

부족한 저의 원고를 잘 정리해 주시고 살펴주신 최승진 선생님과 세상에 책으로 탄생케하신 새한기획 민병문 장로님께 감사 드립니다

2022년 여름 저자

Contents

순종이 제사보다 낫고

탄식을 찬양으로 바꾸시는 하나님

나의 삶의 열매, 감사!

"내가 너를 모태에 짓기 전에 너를 알았고
네가 배에서 나오기 전에 너를 성별하였고
너를 여러 나라의 선지자로 세웠노라"
(예레미야 1장 5절)

Obedience

제1부

감사와
은혜의 고백

Obedience 01

하나님을 처음 만남 _ 첫사랑

"내가 너를 모태에 짓기 전에 너를 알았고 네가 배에서 나오기 전에 너를 성별하였고 너를 여러 나라의 선지자로 세웠노라"_ (예레미야 1장 5절)

    어릴 적 우리 집은 무속신앙을 신뢰하는 가정이었습니다. 부모님은 집안에 큰 일이 있을 때면 으레 동네 무당을 찾아 점을 보거나 심각한 경우에는 굿을 할 만큼 무속에 빠져 있었습니다. 심지어 내가 건강하게 자라기를 바라는 마음에 영험하다고 평가받는 무당을 찾아 '수양엄마'(의붓엄마)로 삼아 줄 정도였습니다. 집안 구석구석에 '대갑 항아리'니 '성주'니 '터줏대감'이니 하며 여러 신들을 모시기도 했습니다. 그래서 나도 부모님을 좇아 절에 다니며 불공을 드리기도 했고, '수양엄마'의 집에 놀러가서 놀기도 했습니다. 남들은 '수양엄마'와 마주치면 '공경'하거나 겁내며 피하기도 했는데, 나는 워낙 어려서부터 만나서 그런지, 수영딸이어서 그런지 무섭기는커녕 친근하기만 했습니다.

　내가 교회에 처음 나간 것은 초등학교 OO학년 무렵입니다. 전에도 마을 어귀에 세워진 교회를 오가며 보기는 했지만, 워낙 교회에 대한 정보가 없었고, 아니 부모님이 "저기는 서양귀신이 있는 곳이야. 절대 가지마라"고 말씀하시기도 해서 쳐다보지도 않았습니다. 그런데 어느 날 같은 반 친구가 내게 "옥분아, 이번 일요일에 교회학교에 가지 않을래? 교회에 가면 먹을 것도 주고, 노래도 배우고, 풍금도 칠 수 있단다."라고 말하며 나를 꾀었습니다. '먹을 것도 주고, 노래도 배우고, 풍금도 칠 수 있다고?' 워낙 가난한 시골에서 자라서 늘 먹을 것이 부족했던 터에 맛있는 옥수수며 국수를 준다는 말에 회가 동했나 봅니다. 더구나 친구들과 함께 놀며 노래도 배우고, 또 학교에서 선생님이 풍금을 치면 신기하고 부러워서 동경해마지 않았는데, 그 풍금을 칠 수 있다고 하니 이것저것 따져 물을 새도 없었습니다. 나는 그렇게 처음 '교회'에 출석하였습니다. 가보니, '서양귀신'은 찾아볼 수 없었고, 목사님이며 장로님이 모두 반겨주었습니다. 성경말씀이며 찬송가며 아는 것이 하나도 없어서 잠시 주눅들기도 했지만, 친구 말 대로 친구들과 놀 수 있었고 맛있는 국수도 먹을 수 있어서 좋았습니다. 첫날부터 가능할까 싶었던 '풍금'도 만져볼 수

　　　　　　　　　　　　순종이 제사보다 낫고

있었기에 대만족이었습니다. 그렇게 나의 비밀은 시작되었습니다. 부모님은 내가 교회에 다닌다고는 꿈에도 생각하지 못하시고 그저 친구들과 어울려 동네 어귀에서 놀다가 들어온다고 여기셨습니다.

그렇게 얼마간 주일 아침이면 친구들과 어울려 교회학교에 갔는데, 마침 부활주일이 되었습니다. 교회에 가자마자 삶은 달걀을 나누어 주며 "예수님께서 부활하셨습니다."라고 인사하는데, 그게 무엇인지 도무지 알 수 없었습니다.

'사람이 죽었다가 다시 살아났다고? 에이, 무슨 말도 안 되는 소리를 하고 있을까?'

그날 목사님은 마태복음 28장의 말씀을 읽고 감격하여 우는 듯이 설교하셨습니다. 평소 잘 웃으며 맞아주시긴 했지만, 그렇게 감정적인 표정을 짓는 분이 아니어서 점점 더 궁금했습니다. 다른 어른들의 표정도 마찬가지였습니다. 웃고 떠드는 사람들은 달걀 받아서 신이 난 우리 친구들뿐이었습니다. 집에 돌아와서 어머니께 조심스럽게 물어봤습니다.

"엄마, 혹시 죽었다가 살아난 사람 얘기 들어봤어요?"

어머니는 내게 그런 경우는 없다고 딱 잘라 말씀하셨습니다. 혹 그런 사람이 있다고 말한다면, 그건 죽지 않았는데 모르고 장사지내다가 깨어난 것이라고 했습니다. 나는 어머니의 얘기가 훨씬 믿을 만하게 들렸습니다. 그래서 '그럼 그렇지'하고 그냥 무시하고 넘어가기로 했습니다. 1년을 다녔을까. 세상에 영원한 비밀이 없듯이, 일요일마다 집을 비우고 교회에 가는 딸에 대한 이야기가 부모님께 들리지 않을 수 없었습니다. 워낙 작은 시골 동네인 데다가, 교회에 다니는 친구 부모님들이 주책없이 내가 밝고 예쁘다며 부모님 앞에서 칭찬을 늘어놓는 바람에 들통이 나고 만 것입니다. 결국, 나는 교회에 다닐 수 없게 되었습니다.

세월이 흐르고 청년이 된 나는 서울로 올라와서 직장을 다니기 시작했습니다. 그리고 곧 남편을 만나서 결혼하였습니다. 그때 내 나이가 25세였습니다. 하루하루 즐겁게 일하며 돈 버는 재미로 행복했지만, 마음속에서는 이런저런 근심이 없는 날이 별로 없었습니다. 그럴 때마다 어머니는 "기가 약해서 그래."라고 하시며, 집으로 찾아와서 미신단지를 집안 곳곳에 두기도 하셨고, 부적을 써다가 곳곳에 붙여 놓기도 하셨습니다. 가을이면 복을 비는 고사를 지내고, 무슨 일이 생길 때면 여지없이 점을 보러 다녔습니다. 그런데, 그렇게 정성을 들여 노력

순종이 제사보다 낫고

해도 내 근심과 걱정은 해소되지 않았고, 급기야는 온몸이 쑤시고 몸이 마르기 시작하면서 기침도 나고 죽을 것 같이 되었습니다. 이 병원 저 병원을 찾아 치료받았지만 완치는커녕 병명조차 시원하게 말해주는 병원이 없었습니다. 어머니는 '정성이 부족해서 그렇다'면서 계속 무당집을 찾아 굿을 하시기도 하고, 용하다는 스님을 찾아 부적을 써오기도 했지만, 그것도 효험이 없었습니다.

> **"아. 이제 집 짓고 살만하니까 나는 죽는 건가? 이제 막 딸**
> **둘을 낳고, 집을 짓고, 조금 살만해 졌는데…"**

눈물이 왈칵 쏟아졌습니다. 내가 죽으면 어린 딸들이 세상 천덕꾸러기가 될 것만 같아서 미칠 것만 같았습니다. 그렇게 간신히 하루하루 버티며 살아가고 있는데, 어느 날 바람도 쏘일 겸 이웃집으로 마실을 가는 중 OO감리교회에 다니는 장로님 한 분을 만나게 되었습니다. 그분은 내 표정을 유심히 보더니, "젊은 사람이 어디가 그리 아프냐?"고 물으시면서, "교회에 나가서 기도해봐. 하나님은 죽은 자도 살리는 분이시거든"이라고 권하시더군요. 초면에 무례하다 싶어, "무속을 믿어 교회엔 못나간다"고 답했더니, "마귀도 귀신도 하나님한테 꼼짝 못하니까 걱정 말고 나가봐요. 젊은데 건강하게 살아야지”라며 위로해 주셨습니다.

그 말씀에 가슴에 와 닿아서 ‘교회에 한번 나가봐야겠다’고 마음을 먹었습니다. 하지만, 어릴 적 잠시 나갔던 교회였기에 홀로 찾아가는 것이 여간 부담스러운 일이 아니었습니다. 누군가 동행이 있으면 참 좋겠다고 생각해서 우리 공장에서 일하는 직원 하나를 만나서 제안했습니다.

“B씨. 나랑 교회에 한번 같이 가지 않을래?”

마침 나와 나이도 같고 평소 친하게 지냈던 사람이기에 밑져야 본전이라는 생각으로 제안했는데, 그 직원은 “자기도 그 전에 교회에 다녔다”면서 흔쾌히 동행해 주었습니다. 몸이 마를 대로 마르고 조금만 움직여도 숨이 차던 나였기에 직원 B씨가 부축해주지 않으면 도무지 갈 엄두도 나지 않았습니다. 집에서 교회까지 고작 버스로 한 정류장 반쯤 되는데, 아무리 못해도 열 번은 쉬어야 간신히 교회에 갈 수 있었습니다.

교회에 도착해서 예배에 참여하는데, 찬송을 듣기만 했는데 갑자기 눈물이 나왔습니다. 가만히 있는데 폭포수처럼 흐르는 통에 나 스스로도 놀랐고, 동행했던 B씨는 깜짝 놀라 휴지를 가

순종이 제사보다 낫고

져다주며 연신 "사모님. 괜찮아요?"라고 물어댔습니다. 고개를
끄덕여 괜찮다고 답하며 마음을 진정시키는데, 찬양이 들려왔습
니다.

> "내 평생에 가는 길 순탄하여 늘 잔잔한 강 같든지
> 큰 풍파로 무섭고 어렵든지 나의 영혼은 늘 편하다
> 내 영혼 평안해 내 영혼 내 영혼 평안해 ……."

어릴 적 교회에서 들었던 찬양이었습니다. 그때는 가사 하나
하나 기억하지 못했는데, 그 가사가 하나하나 다 생각이 났습니
다. 오래도록 교회 근처에도 가지 않았는데, 마치 고향집에 돌아
온 듯, 찬양을 들으며 나는 감동하였습니다. 그날 목사님은 예레
미야서 1장 5절의 말씀을 읽어 주셨습니다.

> "내가 너를 모태에 짓기 전에 너를 알았고 네가 배에서 나
> 오기 전에 너를 성별하였고 너를 여러 나라의 선지자로
> 세웠노라"_(예레미야 1장 5절)

어머니의 뱃속에 내가 생기기도 전부터 하나님께서 나를 아
셨고 성별하셨다는 이 말이 내겐 큰 충격이 되었습니다. 그때부

터 지금까지 쉬지 않고 나를 기다리며 나를 위해 수고하셨다는 말씀을 들으면서 다시 한 번 울며 회개하게 되었습니다. 기도하는데 마음과 몸이 뜨거워졌습니다. 그때는 그저 감정이 격해져서 변화가 생긴 것으로 여겼는데, 아마도 그때 성령 하나님께서 나를 어루만져 주셨던 것 같습니다.

그렇게 하나님께서 내게 임재하시는 감격적인 '첫사랑'의 경험을 하고, 수 주간 아파도 교회에 가고 걷지 못해도 교회에 갔습니다. 그리고 얼마 지나지 않아 숨도 못 쉬게 목을 졸라매던 것들이 사라지고 다리에 힘도 생기면서 혼자서도 쉬지 않고 교회에 나갈 수 있게 되었습니다. 밥도 잘 먹게 되어 살도 오르고, 건강을 되찾아 새벽에도 기도회에 나가서 하나님께 기도하며 찬양하며 감사한 마음으로 신앙생활을 열심히 하게 되었습니다.

나는 하나님께서 택한 자녀들을 내버려 두지 않으시고 반드시 되찾아 하나님의 자녀로 삼으신다는 것을 알게 되었습니다. 아주 잠깐, 그것도 어릴 적에만 잠시 교회에 다녔던 나입니다. 그때도 믿음은커녕 주기도문도 간신히 외웠을 만큼 놀러 다녔다는 말이 맞겠지요. 하지만, 하나님은 그런 나를 잊지 않으셨습니다. 아니, 처음부터 나를 택하시고 성별하시고 기다리셨습니다. 죄에 머무는 나를 위해 독생자를 보내 주셨고, 그 피로 구속하셔서 나를 살리셨습니다.

"사랑하는 하나님, 감사합니다. 부족하고 쓸모없는, 가장 천하고 낮은 이 딸을 끝까지 사랑하셔서, 독생자 예수 그리스도를 이 땅에 보내시고 십자가에서 죽이시고 그 피로 저의 죄를 사해 주셨습니다. 그 은혜를 무엇으로도 갚을 수 없습니다. 감사합니다. 그 사실을 너무 늦게 깨달았지만 책망하지 않으시고, 오늘 내 죽을병도 고쳐 주시니 감격하고 영광을 올려 드립니다. 하나님, 이 첫사랑을 오래도록 내 삶에 간직하도록 도와주세요. 영과 육을 살리시는 주님. 우리 가족들 모두, 저와 같이 하나님을 만나고 구원받을 수 있도록 은혜를 더해 주세요. 감사합니다. 예수님 이름으로 기도드립니다. 아멘"

뱀의 입을 막아주신 주님

"내가 산을 향하여 눈을 들리라 나의 도움이 어디서 올까 나의 도움은 천지를 지으신 여호와에게서로다 여호와께서 너를 실족하지 아니하게 하시며 너를 지키시는 이가 졸지 아니하시리로다 이스라엘을 지키시는 이는 졸지도 아니하시고 주무시지도 아니하시리로다 여호와는 너를 지키시는 이시라 여호와께서 네 오른쪽에서 네 그늘이 되시나니 낮의 해가 너를 상하게 하지 아니하며 밤의 달도 너를 해치지 아니하리로다 여호와께서 너를 지켜 모든 환난을 면하게 하시며 또 네 영혼을 지키시리로다 8여호와께서 너의 출입을 지금부터 영원까지 지키시리로다"_ (시편 121편)

시골에서 자라면서 산으로 들로 놀러 다닐 때, 늘 어른들은 '뱀'이나 '곰' 같은 야생동물을 조심하라고 주의를 주었습니다. 특히나 '곰'과 같은 큰 짐승들은 쉽게 볼 수 있지 않았지만, '뱀'

순종이 제사보다 낫고

은 종종 사람을 물었고, 그래서 죽음에 이르기도 했다는 얘기가 전해지기도 했습니다. 멀리 갈 것도 없이 내가 살던 마을에서도 산에 올라 버섯이나 약초를 캐던 이웃 OOO아저씨가 살모사에 물려 죽었었기 때문에, 나도 '뱀'은 징그럽고 또 매우 위험한 동물로 인식하고 있었습니다.

병으로 말미암아 죽을 수밖에 없었던 나를 하나님께서 살려주셔서 열심히 신앙생활 하며 감사히 하루 하루를 살다가, 3년쯤 되던 해에 추석을 맞아 남편과 함께 친정집을 방문했습니다. 다시 건강을 찾은 딸을 맞는 부모님의 환대는 대단했고, 가족들은 듬직한 사위에게 이런저런 음식을 대접하며 이야기꽃을 피웠습니다. 맛있는 음식을 먹으며 가족들이 즐거운 얘기를 주고받는 중, 동네에서 함께 자란 친구가 연락해 왔습니다. 너무 오랜 시간 만나지 못했기에, 산 밑에 사는 친구 집으로 아기를 업고 밤마실[1]을 갔습니다. 마침 어머니는 부엌에서 나오시다가 나를 보고는 "요즘 산에 뱀이 많더라. 오가며 조심해라"라고 당부하셨습니다.

어릴 적 동무를 만나는 즐거움에 어머니의 말씀에 아랑곳 하지 않고 한달음에 달려가서 친구를 만났습니다. 남편 이야기, 자

---

1) 밤에 이웃이나 집 가까운 곳에 놀러 가는 일

식 이야기, 농사 이야기, 또 나 사는 도시 이야기 등을 주고받으며 밤늦게까지 시간 가는 줄도 모르고 웃고 떠들었습니다. 그렇게 즐겁게 앉아 놀다보니 어느새 자정을 넘긴 시간이 되었습니다. 친구는 밤이 깊었으니 자고 가면 좋겠다며 권했지만, 나는 한사코 친정으로 돌아가야겠다고 고집했습니다. 아무래도 술에 취해 있을 남편이 걱정되기도 했고, 정말 오랜만에 만난 친구가 반갑기는 했지만, 그 집에서 하룻밤을 신세지는 것은 별개의 문제라고 생각했기 때문입니다.

지금처럼 온 동네에 가로등이 있는 것이 아니어서, 동네는 칠흑 같은 어둠에 쌓여 있었습니다. 아기를 업고 집에 돌아오는 길은 그 어둠속을 뚫고 지나야 했기에 조금 무서웠습니다. 그래도 보름달이 환하게 비추어 주었기 때문에 길을 찾는 데는 어려움이 없었습니다. 무서운 마음에 '주님이 나와 함께하시는데 무엇이 무서울까!'라며 스스로를 격려하고 찬송을 부르며 조심조심 길을 걸었습니다. 그렇게 콩밭과 산이 양옆에 있는 길을 걷는데, 무언가 차갑고 긴 생물이 발등에 닿는 것이 느껴졌습니다. 순간 소름이 돋고 몸이 굳는데, 비명을 지를 새도 없이 주저앉는 내 옆으로 제법 큰 뱀이 산 있는 쪽으로 달아났습니다. 보름달의 밝은 빛에 비친 그 무늬가 오히려 더욱 공포심을 불러 일으켰습니다.

순종이 제사보다 낫고

"어디를 물린 것이 아닌가?", "아! 나는 이제 죽을 수도 있 겠구나".....

별의 별 생각이 다 들어서 정신을 차릴 수 없었지만, 간신히 놀란 마음을 추스르고 집으로 달려 돌아왔습니다. 오는 내내 눈 물이 나서 참을 수 없었습니다. 다행히 뱀이 물은 듯 느꼈던 오 른 발목에 큰 통증이 없어서 집에 오기까지 어려움은 없었습니 다. 집에 오자마자 등잔불에 발을 비춰가며 물린 자국을 찾았습 니다. 어머니는 내가 늦게 돌아온 탓에 잠도 못 주무시고 기다리 다가, 사색이 되어 울며 헐레벌떡 들어오는 딸을 보고는 덩달아 놀라 다급하게 물어보셨습니다.

"왜? 무슨 일이니?"
"엄마, 아무래도 뱀에게 물린 것 같아요. 큰 뱀이..."

큰 소란이 나고 주무시던 아버지까지 일어나서 황급히 내 발 을 살폈지만, 어디에도 뱀에게 물린 자국이 없었습니다. 가족들 은 다행이라고 말하면서도, 내가 본 것이 뱀이 아닐 거라며 웃 었습니다. 나 역시 '하나님 감사합니다'라고 생각했지만, 창피한 마음이 더했습니다.

그런데 그 밤이 지나고 아침이 되었을 때, 깜짝 놀랄 일이 생겼습니다. 어젯밤 내가 지나온 그 콩밭 옆 길가에서 간밤에 뱀에게 물려 죽은 개 한 마리의 사체가 발견된 것입니다. 아침 일찍 밭일을 나갔다가 돌아오신 아버지께서 "뱀이 그냥 물어 죽이고 가는 경우는 거의 없는데, 참 신기한 일이다"라고 말씀하시는 것 아닙니까? 그때서야 모든 것이 분명해 졌습니다. 내가 착각하거나 잘못 본 것이 아니라, 어제 분명 뱀을 밟은 것이었습니다. 뱀이 개를 물어 죽이고 먹으려는 찰나에 내가 길을 걷다가 뱀을 밟았던 것입니다. 그런데 그 뱀은 나를 물지 않았고, 다행히 나는 안전하게 귀가할 수 있었던 것이지요. 뱀의 입을 막아주신 주님, 얼마나 감사한지요.

"아! 하나님 감사합니다!"

저절로 하나님을 향한 감사와 찬양이 터져 나왔습니다. 만약 하나님께서 뱀의 입을 막아주지 않으셨다면, 아니, 애초에 그 길에서 개가 아니라 내가 먼저 뱀을 맞닥뜨렸다면 하고 생각하니 전율이 흘렀습니다. 그 저녁에, 인적이 끊긴 길 위에서 뱀에게 물렸다면 꼼짝없이 죽었을 겁니다.

"낮의 해도 밤의 달도 너를 해치지 못하리라"는 주님의 말씀이 떠올랐습니다. 스스로 자신하며 나조차 나 자신을 돌보지 않았던 그 순간에도 우리 하나님께서는 나를 지켜 주셨습니다. 할렐루야!. 참 좋으신 하나님의 그 크신 은혜를 어떻게 표현할 수 있을까요? 언제 어디서나 변함없이 우리를 돌보시는 아버지 하나님을 찬양합니다.

사랑의 예수_1975년에

주님의 사랑은
드높은 파란 하늘과 같음이어라
주님의 사랑은
피어오르는 한 떨기 백합 같이 향기로움이어라
주님의 사랑은
졸졸 흐르는 맑은 물소리 같음이어라
주님의 사랑은
드높고 향기롭고 졸졸 흐름 속에 맛보고 느끼는 것을
이러함이 주님의 참사랑인 것을
이 세상 다 준다 해도
바꿀 수 없는 주님의 아가페, 참사랑인 것을
주님 사랑해요.
아멘.

황홀한 은혜의 체험

오순절 날이 이미 이르매 그들이 다같이 한 곳에 모였더니 홀연히 하늘로부터 급하고 강한 같은 소리가 있어 그들이 앉은 온 집에 가득하며 마치 불의 혀처럼 갈라지는 것들이 그들에게 보여 각 사람 위에 하나씩 임하여 있더니 그들이 다 성령의 충만함을 받고 성령이 말하게 하심을 따라 다른 언어들로 말하기를 시작하니라 …… 그레데인과 아라비아인들이라 우리가 다 우리의 각 언어로 하나님의 큰 일을 말함을 듣는도다 하고 (사도행전 2장 1~4절, 11절)

하나님 계신 천국에 가는 것뿐만 아니라, 이 땅에서도 하늘나라를 누리기를 바라는 것은 아마도 모든 그리스도인들의 첫 소망이 아닐까 생각합니다. 나도 일평생 하나님께서 내게 천국을 사는 복을 주시기를 간절히 기도했습니다. 지금에 와서는 생각이 조금 변하기도 했지만, 젊은 시절 교회에 열심을 다해 출석하고, 이런저런 부서에서 봉사하며, 성경을 읽고 기도하는 데 게으르지 않았던 시절, 내게는 딱 하나 부족해 보이는 것이 있었습니다. 바로 '방언기도'입니다. 즉, 〈사도행전〉에 등장하는 성령님의 임재로부터 비롯된 하늘기도입니다.

예수님의 제자들은 예수님께서 로마군사에게 잡혀 고문당하다가 결국 십자가에 달려 피를 쏟으며 죽자, 자신들 역시 정체를 들키면 죽음과 같은 해코지를 당할 수 있겠다는 두려움에 사로잡혀 '한 곳'에 모여 기도했습니다. 그리고 그때 하늘에서 성령님께서 임하셔서 '불의 혀 같은 것'이 나타나서 각 사람에게 하나씩 임하더니, 제자들 모두가 성령의 충만함을 경험하는 가운데 모두 다른 언어로 말하기 시작했다고 합니다. 그렇게 성령의 충만함 가운데 방언으로 말하기 시작한 제자들은 하루 삼천 명씩 전도하기도 했고, 자신의 모든 것을 나누며 온전한 가족공동체를 이루었다고 기록되어 있습니다.

이 말씀을 읽는데, 제 가슴이 마치 당시 제자들에게 임했던 '불의 혀'가 임한 듯 뜨거워지기 시작했습니다. '나도 제자들처럼 하늘의 언어로 기도하고 싶다'라는 소망이 간절해졌습니다. 하지만 '방언'이 기계의 시동 버튼처럼 무엇을 누르면 바로 허락되는 것이 아니지 않습니까! 아무리 생각하고 바라고 기도해도,

좀처럼 하나님께서 내게 방언을 허락해 주시지 않았습니다.

'무엇이 문제일까? 혹시 하나님께서 나를 사랑하지 않으시나? 내가 하나님께 무언가 잘못한 것이 있는 걸까? 아니, 성령님이 임재하시면 방언을 한다고 했는데, 나는 성령님의 임재도 경험하지 못한 걸까?'

소망이 의심이 되고, 의심은 다시 실패감으로 변했습니다. '사모하던 마음'이 '원망하는 마음'이 되는 순간, 더는 기도할 마음조차 생기지 않았습니다. 그렇게 불평하며 무기력한 신앙생활을 이어가고 있는데, 교회에서 '여성부흥집회'를 개최하였습니다. 당시에 교회의 다수를 차지하는 것은 여성이었지만 오히려 남성중심의 교회가 대부분이었기에 '여성부흥집회'는 그리 흔하지 않았습니다. 하물며 교회 내 여성들의 지위는 늘 '조력자' 정도로만 여겨졌기에 '여성부흥집회'가 열리면 늘 '어머니, 아내' 등에 관한 주제가 대부분이었습니다. 그런데, 이번에는 달랐습니다. 무려 "하나님의 딸들이여, 성령의 충만함을 받으라."였습니다.

당시 강사 목사님의 이름이 기억나지 않아서 아쉽지만, 강사 목사님은 "아내의 기도가 남편을 살리고, 엄마의 기도가 자녀

순종이 제사보다 낫고

를 살리며, (여성)성도의 기도가 교회와 나라를 살린다"면서도, 거기서 그치지 말고, 나아가 자기 자신을 위해 더욱 힘써서 기도하라고 강조하셨습니다. 성령의 9가지 열매가 내게서 맺히지 않으면 나에게는 아무런 유익이 없는 것이라는 말씀에 감동하였습니다. 그래서 하나님께 '제발, 나를 만나주세요. 내게 성령님의 임재를 체험하는 은혜를 베풀어 주세요'라고 울며 기도했습니다.

집회 셋째 날 새벽집회 중 기도시간에 간절히 기도하는데, 내 입에서 이상한 말이 나오기 시작했습니다. 순간 '내가 잠꼬대를 하고 있나?'하고 놀라서 눈을 뜨려 했는데, 눈이 떠지지 않았습니다. 정신은 말짱하여 꿈이 아닌 듯싶다가도, 입으로는 계속 이상한 말이 쏟아지니 두려워서 몸을 움직이려 했습니다. 그 순간 하나님의 음성이 들렸습니다.

"내 딸아, 네가 그렇게 바라고 바라던 하늘의 언어를 말하게 해주었는데 무얼 두려워하고 있니? 내 음성에, 너를 통해 나타난 내 말에 귀기울여보렴."

말할 수 없는 감격과 기쁨, 그리고 하나님의 감동하심 가운데 두 시간 넘게 기도하고 눈을 뜨니, 예배당에는 나 혼자만 남아 있었습니다. 하나님은 내가 얼마나 귀한 존재인지, 나를 얼마나 사랑하시는지, 그리고 내가 왜 기도해야 하는지 등을 깨닫게 해주셨습니다. 불과 두 시간 남짓 주님과 대화했지만, 나는 그저 꿈을 꾼 듯 짧기만 했습니다. 상상할 수 없는 기쁨과 환희에 찬 경험, 그 기쁜 마음을 그 무엇에 비교할 수 있을까요? 마치 하늘을 둥둥 떠올라 날아다니듯 황홀한데 심지어 하늘의 비밀을 다 알 것 같은 그 감격 속에 흥분을 감추지 못하고 집으로 돌아왔습니다. 그리고는 남편에게 자랑하듯 말했습니다.

> "여보, 나 오늘 하나님의 음성을 들었어요. 내게 방언기도를 허락해 주셨어요"
> "그래? 그럼 더 잘 살아야겠군"
> "……."

남편은 심드렁한 표정으로 한 마디 말로 내 들뜬 감정을 가라앉혔습니다. '왜 저래? 같이 기뻐해주면 어디가 덧나나?'라는 서운한 마음도 없진 않았지만, 무엇으로 머리를 세게 맞은 듯 충격과 함께 정신이 번쩍 들었습니다. '아. 내가 너무 기쁜 나머지 은사를 받은 것에만 주목하고 그 은사를 왜 주셨는지는 바로 기억하지 못했구나'라는 자책이 마음에 가득했습니다.

하나님께서는 내게 '순종이 제사보다 낫다'(삼상 15:22)라는 말씀을 주셨습니다. 나는 이 말씀이 앞으로 내 삶에 어떤 영향을 미칠지 생각하지 못했습니다. 그저 하나님의 말씀을 들었다는 기쁨에 취해 있었습니다. 아마도 남편의 지나가는 말 한 마디가 없었다면, 나는 이 말씀을 기억하지 못했을 겁니다. 그리고는 내게 닥쳐올 미래에 '순종'보다는 '제사'를 지내려 애썼을지도 모릅니다. 아니 더 나아가 마음이 교만하여져서 순종은커녕 제사조차 지내지 않았을지도 모릅니다. 나는 잠시였지만 이런 교만한 마음을 회개하였습니다. '하나님, 깨닫게 해 주셔서 감사합니다.'

이제 82세의 노인이 되었습니다. 이제껏 살면서 처음 주님을 경험한 그 시간은 내게 다시 주어지지 않았습니다. 매우 아쉽고 아쉬운 마음뿐입니다. 하지만, 그렇게 황홀하고 기쁜 감격의 순간은 내 마음속에서 자라서, 삶의 여러 굴곡을 지날 때마다 능히 감당하도록 등받이가 되어주고, 넘어졌을 때 다시 일어날 수 있도록 짚고 의지할 지팡이가 되어주고, 지쳤을 때 잠시 쉬어갈 수 있는 그늘진 거목이 되었습니다. 어느 순간부터 내 입에서 '하늘의 언어'가 나오지 않게 되었지만, 나는 내 안에서 함께하시는 성령 하나님의 음성을 놓치지 않고 이제껏 감사함으로 삶을 살아 왔습니다.

"사랑하는 내 딸아 두려워하지 말라. 내가 너와 함께함이
라. 놀라지 말라. 나는 네 하나님이 됨이라. 내가 너를 굳세
게 하리라. 참으로 너를 도와주리라. 참으로 나의 의로운
오른손으로 너를 붙들리라" _ 이사야서 41장 10절

하나님께서 때마다 내게 들려주신 이 음성에 의지하여 어려
운 순간들을 모두 극복하고 다시 일어설 수 있었습니다. 그 음성
이 없었더라면 82세가 된 오늘, 나는 내 일생에 대해 절망의 탄
식을 쏟아놓고 있었을 겁니다.

오늘 나는 비록 육신은 늙고 쇠약해졌지만, 33세 때 처음 경
험한 하나님의 음성이 더욱 생생하고 기쁘기만 합니다. 그것은
오직 하나님께서 함께하신 지난 50여년의 삶이 '황홀한 은혜'로
채워졌기 때문입니다.

하나님께서 하나님을 만나기를 소원하는 모든 자녀들에게
나와 같은 경험을 허락해 주시기를 기도합니다. 또한 그 경험
에 머물지 않고, 오직 방언하는 데 그치지 않고 각 사람에게
주시는 은사들을 활용하여 하나님의 영광을 나타낼 수 있기를
바랍니다.

할렐루야 주님. 감사합니다.

순종이 제사보다 낫고

"내 평생에 가는 길 순탄하여
늘 잔잔한 강 같든지
큰 풍파로 무섭고 어렵든지
나의 영혼은 늘 편하다
내 영혼 평안해
내 영혼 내 영혼 평안해 ……."

또 여자에게 이르시되 내가 네게 임신하는 고통을 크게 더하리니 네가 수고하고 자식을 낳을 것이며 너는 남편을 원하고 남편은 너를 다스릴 것이니라 하시고 _ (창세기 3장 16절)

Obedience

제2부

죽음에서 건지시는
하나님의 능력

임신중독_
죽음을 이긴 생명

> 또 여자에게 이르시되 내가 네게 임신하는 고통을 크게 더하리니 네가 수고하고 자식을 낳을 것이며 너는 남편을 원하고 남편은 너를 다스릴 것이니라 하시고 _ (창세기 3장 16절)

해산의 고통은 인류의 첫 여자인 하와가 하나님과의 언약을 지키지 않고(불순종 하고), 뱀의 유혹에 빠져 선악과를 따먹는 죄를 지은 대가로 주어졌습니다. 창세기는 하나님께서 여자가 '해산의 고통'을 겪으며 자식을 낳을 것과 '남편에 의해 다스려질 것'을 선고하심으로써 선악과를 따먹은 죄의 대가를 치르도록 하셨음을 잘 보여줍니다. 그런데 그 고통이 얼마나 큰지는 같은 죄를 짓고 일평생 노동을 해서 가족을 먹여 살려야 하는 남자의 형벌에 비견할 만한 것이라는 점에서 충분히 짐작할 수 있습니다. 물론, 아이를 낳아보지 못한 남자나 처녀들은 그 고통을 감히 상상할 수조차 없을 테지만 말입니다.

나는 그런 '해산의 고통'을 다섯 번이나 겪은 5남매의 엄마입니다. 그래서 누구보다 '해산의 고통'을 잘 압니다. 그럼에도 불구하고 남들이 한 번 겪으면 다시 겪으려 하지 않는 해산을 다섯 번이나 한 것은 특별히 내가 임신을 잘 하는 사람이기 때문이거나 혹은 '생육하고 번성하라'는 하나님의 말씀에 순종했기 때문이 아니었습니다. 오히려, 하나님께서 내게 허락하시는 아이들을 감사함으로 소중히 여겨 무사히 낳고 건강하게 키우겠다는 약속을 하나님께 했던 탓입니다. 즉, 나는 하나님께 자녀에 대한 언약을 맺었습니다. 그런 내게 '해산의 고통'과는 또 다른 차원의 어려움이 닥쳐 왔습니다. 바로 '임신중독'이 그것입니다.

셋째 아이가 첫 아들인데, 임신한 지 4개월이 지나면서부터 혈압이 높아지고 발등이 부어 일상생활에 어려움을 겪게 되었습니다. 참다가 걷기도 불편해져서 급기야는 병원에 가서 진찰을 받는데, 의사선생님께서는 "임신중독입니다."라고 진단하셨습니다. 이미 두 딸을 낳아 기르고 있는 출산 유경험자라며, "내가 임신중독이라니요? 말이 안 되잖아요?"라고 반문하는 내게 의사선생님은 "어머니, 임신 6개월 때부터는 입원도 하셔야 합니다. 그렇지 않으면 어머니뿐만 아니라 태아도 위험해질 수 있습니다."라고 말하더군요. 가뜩이나 평소에도 웃음보다는 냉철함이 엿보이던 선생님이어서 그런지, 그렇게 진지한 얼굴로 또박또박 말하는 것을 들으면서 살짝 무섭기도 했습니다.

임신중독은 임신한 산모에게 나타나는 고혈압성 질환인데, 20주 이전에 고혈압이 발견되는 경우를 '만성'으로 치고, 소변에서 단백성분이 나오거나 혈소판감소증, 신기능저하, 간수치 상승, 폐부종, 심한 두통이나 시야장애 등의 증상이 나타날 수 있다고 했습니다. 그리고 심각한 경우 태아에게 전해지는 혈류에 문제를 일으켜 장애를 갖게 만들기도 한다니, 상상조차 하기 싫은 끔찍한 병이 아닐 수 없었습니다.

그런데 그렇게 위험한 상태인데도 불구하고, 나는 그저 '일해야 한다'라는 책임감 때문에 "제가 사업하기 때문에 입원할 형편이 못됩니다. 급한 대로 약만 먹고 지내면 안 될까요?"라며 의사 선생님에게 물었습니다. 내 질문에 의사 선생님은 너무 어이없어 하며, "산모님. 혈압이 지금도 180/100이에요. 지금도 너무 위험한 상태라고요."라며 다소 강하게 답했습니다. 다시 내가 "선생님, 저는 5개월씩이나 입원할 처지가 못 됩니다. 제발 약이나 잘 처방해서 주시면 감사하겠습니다."라고 빌었더니,

"그럼 한 달분 약을 지어 드릴게요. 혹 무슨 이상이 있으면 언제든지 병원으로 신속히 오셔야합니다."라고 신신당부를 하더군요. 거듭한 의사의 당부가 마음에 걸려 한편으로는 은근히 걱정되었지만, 다른 한편으로는 '하나님께 맡겨야지. 전에도 살려 주셨으니 이번에도 살려 주실 거야. 혹 그렇지 않아도 죽으나 사나 모두 하나님 뜻인데…'라는 생각으로 두려운 마음을 다잡았습니다.

그렇게 입원하지 않고 처방받은 약을 먹으면서, 임신중독의 임산부가 매일 가정에서 또 사업장에서 일해야 했습니다. 웬만한 일용직 건설 노동자보다 더 많은 고된 일들을 해내야 했기에 몸과 마음이 지칠 대로 지쳐 있었습니다. 드디어 10개월이 지나고 만삭을 맞았는데, 출산이 임박하여 병원으로 가서 혈압을 재보니 190/110입니다. 상태가 호전되지 않았고, 오히려 위험수치에 다가섰습니다. 이를 반영하듯 다리며 손이 온통 퉁퉁 붓고 상태가 나빠지자 나를 담당한 의사 선생님과 간호사 선생님들이 무척 분주해졌습니다.

비록 혈압이 높았지만 나오는 아기를 막을 수도 없는 노릇이어서 분만실로 이동하는데, 이동 직전 다시 재본 혈압 수치 역시 190/120! 무언가 특단의 조치를 취해야 한다며 의료진들이 한데 모여 걱정스러운 얼굴로 회의하며 이리저리 분주할 때, 나는

순종이 제사보다 낫고

분만실에서 아기 낳을 준비를 하며 속으로 주님만 부르며 기도했습니다.

'나의 주 하나님! 지금 함께해 주세요. 나를 홀로 두지 마시고, 이 어려움을 이겨내도록 인도해 주세요.'

기도를 마치고 "마지막으로 다시 한 번 재봅시다"라며 근심 가득한 얼굴의 의료진이 내게 다가왔을 때, 기적이 일어났습니다.

"120 / 80!"

정상 혈압으로 내려온 것입니다. 의료진도 놀라서 다시 재보아도 더는 올라갈 기미가 보이지 않았습니다. 그제야 의사 선생님이 웃으며, "산모님. 모든 게 좋습니다. 안심하고 힘주세요."라고 말해 주었습니다. 감사와 안도 속에 힘을 다해 아기를 무사히 낳았습니다. 그 과정을 지켜본 간호사 선생님들이 "참 신기한 일"이라면서 이야기를 주고받길래, "하나님께서 함께해 주셔서 안전하게 낳을 수 있었어요"라고 고백하며, 마음으로 감사의 기도를 드렸습니다.

"하나님, 감사합니다. 감사합니다."

고혈압의 위기를 잘 극복하고 첫 아들을 무사히 낳아 3일 만에 퇴원하여 집에 돌아왔지만, 정작 문제는 '지금'부터였습니다. 집에 와서 몸조리하는 중 임신중독 때문인지 혈압이 다시 오르고, 온몸이 붓고, 바늘로 콕콕 쑤시는 듯한 고통이 찾아왔습니다. 숨을 쉬는 것조차 어려워 답답하고, 혈압약을 먹는데도 불구하고 백두산만큼 높게 치솟은 혈압은 전혀 내려갈 기미조차 보이지 않았습니다. 아기 낳은 지 한 달이 다 되었는데도 점점 심해지기만 해서, 결국 남편과 함께 병원에 가야 했습니다.

'혈압을 재보니 240 / 120.'

의사선생님이 기겁하며 급한 대로 주사와 약을 처방하고 남편에게 "머리맡에서 떠나지 마세요. 부인의 상태가 상당히 심각합니다. 혹여 머리에서 혈관이 터지면 큰일 납니다. 꼭 집에 가셔서 신경 쓰지 않고 쉬시도록 누이시고 꼼짝하지 못하게 하세요"라고 당부하더군요. 그런데 어이없게도 남편은 이런 의사 선생님의 간곡한 당부에도 아랑곳하지 않고 낚시를 떠났습니다.

자타가 인정하는 낚시광이었던 남편은 평소 한번 낚시를 가

　　　　　　　　　　　　　순종이 제사보다 낫고

면 2~3일간 밖에서 지내다 돌아오곤 했는데, 이번에도 미리 약속이 있었는지, 나를 집에 데려다 놓자마자 낚싯대를 짊어지고 떠난 겁니다. 무심한 남편이 나가고 그 밤이 지나는 동안 얼마나 서럽고 고통스러웠는지 말로 다할 수 없습니다. 머리서부터 발끝까지 쑤시고 아파서 눈물이 나오고, "남편도 소용이 없구나. 내가 죽어도 죽는 것조차 곁에서 지켜주지 않겠구나" 하면서 탄식했습니다. 집에 있는 혈압기로 혈압을 재보면 혈압은 조금도 떨어지지 않고, 얼굴은 계속 달아오르면서 절로 '으흠' 하는 신음소리가 새어 나왔습니다.

그렇게 한숨도 잠들지 못한 채 맞은 이튿날, 금요예배에 참석하자는 전화를 받고 "도저히 아파서 갈 수 없어요"라고 대답한 뒤 전화를 끊었는데, 그만 울음이 터졌습니다. 설움과 미움이 뒤섞여 실컷 울다가 "그래, 예배드리러 가야지. 가다가 죽는 한이 있어도 가야지."하는 생각에 일어나서 시간을 보니 오후 5시가 다 되었습니다. 예배는 밤 7시에 구역장 댁에서 모여 드리는데, 금호동은 오르막길과 내리막길이 꼬불꼬불 이어진 산동네라 댓 발짝 가다 쉬고, 다시 걷다가 쉬고를 반복해야 했습니다. 30분이면 갈 길을 한 시간 반쯤 걸려 도착해서 예배를 드리는데, 온몸은 쑤시고 머리는 망치로 두드리는 것 같이 아파서 죽을 것 같은 기분이 들어 도무지 집중하기 어려웠습니다. 다른 구역식구들이 건강한 모습으로 예배를 드리는 것을 보니 속으로는 '저들은 얼마나 좋을까. 나는 언제 죽을지도 모르는데...' 하는 생각을 계속했습니다. 혈압이 높아지다 못해 혈관이라도 터질까봐 찬송도 크게 못 부르고 이런저런 생각으로 답답한 마음뿐인데, 찬송이 끝나자 인도하는 구역장님이 "박옥분 집사님 기도하세요."하는 것이 아닙니까. 구역장님이 시키는데 감히 안한다고 거절하지도 못해서, 하는 수 없이 대표기도를 맡아 하게 되었습니다.

'그래. 순종은 제사보다 낫다!'고 하였는데 하는 생각으로 큰 목소리가 아닌 작은 목소리로 살살 기도하는데, 갑자기 왼쪽 귀에서 옛날 유성기 태엽이 풀려 나올 때 나는 소리처럼 '쌩쌩쌩' 하는 소리가 나면서 왼쪽 머리 위부터 시원해지더니 왼쪽으로 발끝까지 온 몸이 가뿐해지는 것이 아닙니까! 정신을 차릴 수 없을 만큼 고통스러웠던 경련이며 통증이 사라지고 "언제 아팠던가?"라는 의문이 나올 정도로 완벽하게 치유가 되었습니다. 마치 하늘을 나는 새처럼 날 수도 있을 것같이 몸이 가벼워서 기뻤습니다.

몸의 왼쪽에서 고통이 사라지는 것을 느낀 나는 '오른쪽은 내일 새벽기도를 가면 다 나을 것 같다'라는 확신이 들었습니다. 그래서 하나님께 감사기도를 드리고 새벽기도 시간만 기다리며

순종이 제사보다 낫고

밤잠을 설쳤습니다. 새벽기도회에 가려고 하니 내가 출석하는 교회는 너무 멀고 계단도 많아서 도저히 혼자 갈 수 없었습니다. 그래서 집에서 가까운 교회로 가서 예배를 드리게 되었습니다. 자유기도 시간에 기도하는 도중에 어제와 같이 귀에서 '쌩쌩쌩' 소리가 나는 듯하더니, 다시 오른쪽 머리부터 발끝까지 시원함이 가득했습니다. 기대하고 또 확신했지만, 기도한 그대로 이루어지니 감동이 마음 가득 차올랐습니다.

'하나님께서 내 기도를 들으시고, 나에게 건강을 허락해 주셨구나. 하나님께서 나를 살리셨어. 감사합니다. 하나님.'

마음 가득 기쁨이 넘치면서 감사기도를 한없이 드리는데 눈물이 절로 났습니다. 한없이 부족하고 무능한 이 딸을 이 모양 저 모양 시시각각으로 채워주시고 어루만져 주시며 보살펴 주시는 하나님의 그 크신 사랑을 어찌 말로써 표현할 수 있겠습니까. 하나님께서는 힘들고 어렵고 내 힘으로 감당하기엔 너무너무 어려운 문제들을 결코 외면하지 않으셨습니다. 주님 앞에 다 내려놓고 전적으로 맡길 때 하나님께서는 책임지시고 합력하여 선을 이루어 주셨습니다. 참 좋으신 하나님께 감사하면서 영광을 돌립니다. 아멘.

Obedience 05

남편을 살려주심(1) _
엄동설한 길 위에서

여호와는 너를 지키시는 이시라 여호와께서 네 오른쪽에서
네 그늘이 되시나니 낮의 해가 너를 상하게 하지 아니하며
밤의 달도 너를 해치지 아니하리로다 여호와께서 너를 지
켜 모든 환난을 면하게 하시며 또 네 영혼을 지키시리로다
여호와께서 너의 출입을 지금부터 영원까지 지키시리로다
_ (시편 121편 5~8절)

　　남편을 처음 만나서 사귈 때, 남편은 술을 전혀 마시지 못하
는 사람이었습니다. 20대 후반의 나이에 군대도 다녀온 성인 남
자들 중 술을 일절 마시지 못하는 사람이 거의 없다는 점에서
나는 남편이 더 자랑스러웠고 좋았습니다. 꿈 많고 재능 많고 건
실하고 부지런한 남편은 사업을 잘 이끌었고, 그 결과 이른 나이

순종이 제사보다 낫고

에 제법 큰 규모의 공장을 운영하며 '성공'에 다가섰습니다. 친구들이 이제 막 사회에 진출하며 일을 배우느라 허덕일 때, 남편은 "사장님" 혹은 "회장님"(나를 사장님으로 부를 때면)으로 불리며 자신의 사업체를 운영했으니 누가 봐도 '성공한 인생'이라고 평할 만했습니다. 교회에서도 성실하게 예배드리고 남선교회를 좋아 섬긴 탓에 '복덩이'로 불리며 칭찬을 들었습니다. 그렇게 만나는 사람들마다 남편을 추켜세워 주니 나도 마음이 절로 기뻤고, 자랑스러웠습니다. 하지만, 그것이 다 복의 길이 아님을 나중에서야 알게 되었습니다.

남편이 승승장구하면서 남편을 필요로 하는 사람들이 주변에 많아졌고, 동네에서는 통장을 맡아 달라, 동문회에서는 동문회장을 맡아 달라는 등 참여하는 모임마다 무언가 대표하는 역할을 맡곤 했던 겁니다. 그리고 모임을 대표하면서 친구, 선후배, 지역 유지, 정치인 등을 하나둘 만나면서 남편은 자연스럽게 '술'을 배웠습니다. 처음에는 맥주 한 잔만 마시고도 인사불성이 되던 사람이 한 잔이 두 잔, 두 잔이 다시 세 잔이 되더니 곧 병째로 마시는 사람이 되었습니다. 그때만 해도 '그래, 남자가 사업을 하는데 술은 조금 마실 줄 알아야지'라는 안일한 생각으로 스스로를 납득시키며 남편을 지지해 주었는데, 그것이 더욱 나쁜 결과가 될 줄 누가 알았겠습니까?

"늦게 고기맛을 알게 된 중이 빈대도 잡아먹는다."는 옛말처럼, 남편은 마치 '이제서야 술의 참 맛을 알게 되었다'라고 말하려는 듯 하루 이틀이 멀다하고 술을 마셨습니다. 1차, 2차, 3차.... 그러다가 급기야는 밤을 새워가면서 먹곤 했습니다. 칭찬이 늘 자신을 따르니 그것이 과신이 되어 주사를 부려대기도 했는데, 정신을 잃고 밤늦게 방범대원들이나 경찰들 손에 이끌려 집에 들어오는 횟수가 많아질수록 내 마음도 무너져 내렸습니다. 다행히도 성동구 내 경찰방범대마다 모르는 사람이 없을 만큼 친하게 지내다보니 크게 허물을 삼지 않았지만, 술이 떡이 되어 자신의 몸조차 가누지 못하는 남편을 바라보면서 '이러다가 무슨 일이 나지'하는 걱정이 일었습니다.

어느 해에 눈이 너무 많이 와서 허벅지까지 눈에 빠질 것 같은 날이었습니다. 날씨는 기온이 매우 낮은 데다 바람도 세서 체감온도는 마치 북극이나 남극에 서 있는 듯한 착각을 줄 정도였습니다. 잠시 장을 보러 동네 가게에 다녀오는데도 눈보라가 어찌나 거세게 휘몰아치는지 몇 번을 미끄러져 넘어질 뻔하기도 하였습니다. 그런데, 그 밤에 남편이 집으로 돌아오지 않은 겁니다. 새벽 3시가 되도록 기다려도 오지 않고, 아무런 소식도 없어서 걱정하다가 '이러다가 무슨 나쁜 소식이라도 들려오면 어쩌나? 안 되겠다. 내가 찾아 나서야지' 싶어 옷을 입고 동네 어귀로 나갔습니다. 달은 밝고 눈보라는 쌩쌩 휘몰아치는데 늦은 밤 골목길을 홀로 걷다보니 무섭기가 이만저만이 아니었습니다.

인적 드문 사거리에서 오래도록 서서 기다리다보니 찬바람에 볼은 떨어져 나갈 듯 아팠고, 손발은 감각이 없어진 지 한참이었습니다. '주님. 제 남편은 어디에 있는 걸까요? 어디로 가야 만날 수 있나요?' 기도하듯, 대화하듯, 그저 주 하나님만 찾으며 길을 따라 올라갔습니다. 잠시 후에 길 위에 눈이 녹았다가 두껍게 얼어붙어서 그 위로 비추는 달빛이 대낮같이 밝은데, 쌩쌩 부는 바람에 이리저리 흔들리는 익숙한 머플러가 보였습니다. 자세히 살펴보니 오늘 아침 남편이 목에 두르고 나간 바로 그 머플러였습니다. 사람은 없는데 머플러만 덩그러니 남아 있으니 걱정이 이만저만이 아니었습니다. 다급하게 주변을 살펴보니, 길가 벤치 아래에 남편이 쓰러져 있었습니다. 한달음에 뛰어가 "여보, 여보" 하고 다급히 부르며 흔들어도 아무런 반응이 없었습니다. 이미 사지가 뻣뻣하게 굳었고 숨소리가 미약해서 곧 죽을 듯 보였습니다. 가슴은 뛰고 어찌할 바를 몰라서 말도 잘 안 나오는데, 간신히 인근 경찰서로 죽을 듯이 뛰어 가서 절규하듯 외쳤습니다.

"얼음 위에 사람이 쓰러져서 죽은 것 같아요. 제발 도와주세요."

소리를 듣고 놀란 경찰관 두 분이 나와 동행하여 출동했고, 꽁꽁 얼어붙은 남편을 가까운 여관으로 데려다 따뜻한 방에 뉘였습니다. 얼음장보다 더 찬 얼어붙은 손과 발을 만지고 주무르며 정신이 돌아오기를 기다리는데, 숨을 쉬는지 마는지, 정신도 돌아오지 않고 마치 영안실의 시체마냥 누워 있기만 해서, 무섭고 두려운 마음뿐이었습니다.

일단 따뜻한 물을 먹여서 몸이라도 녹게 해야겠다 싶어, 집으로 다시 돌아와서 주전자에 물을 끓였습니다. 그릇 하나 수저 하나 간신히 들고, 직원들 자는 방으로 가서 나하고 동갑내기인 한 직원에게 도움을 청해 함께 여관으로 가서 한 사람은 입을 벌리고 한 사람은 약간 뜨거운 설탕물을 수저로 먹이기를 여러 번 반복했습니다. 이불을 덮어주고 손발을 주무르며 한참을 계속하니 드디어 안정적으로 숨을 쉬더군요.

"휴. 이제 살았구나. 주님, 감사합니다."

마음이 놓였습니다. 그리고 안도의 눈물이 왈칵 쏟아졌습니

순종이 제사보다 낫고

다. 자칫 과부가 될 뻔한 위기에서 벗어났다고 생각하니, 아빠 없이 아이들을 키울 뻔했다는 생각에서 해방되니 마음이 온통 설움으로 가득 찼습니다. 그리고 그 설움만큼 내 상황을 돌보시는 하나님의 은혜에 감격하여 그 자리에서 기도드렸습니다.

> "하나님, 어떻게 제가 새벽 3시에 눈보라가 휘몰아치고 볼이 떨어져 나가도록 추운 날씨에 남편 있는 곳을 찾아갈 생각을 했을까요? 그리고 방향을 모르는 사거리에서 누가 가르쳐 준 것처럼 저절로 남편이 있는 쪽으로 가게 되었을까요? 모두가 남편을 긍휼히 여기시고, 나를 불쌍하게 여기시는 하나님의 은혜와 사랑하심, 그리고 강권적 역사임을 믿습니다. 하나님 감사합니다. 남편을 살려주셔서 감사합니다. 저를 과부되게 하지 않으셔서 감사합니다."

나중에 알게 된 일이지만, 다음날 도움을 준 방범대원들에게 인사하려고 찾아갔더니 지난밤에는 날이 너무 추워서 당직 서던 두 방범대원들조차 순찰을 돌지 않았었다고 합니다. 그 시간, 그 날씨에 술에 취한 사람이 밖에서 쓰러져 잠들어 있을 거라는 생각은 누구도 하지 못했던 것입니다. 더구나 어두운 밤거리가 무서워 늦은 시간에는 집에 있으려고 하는 내가, 한 번 술을 마시면 하루 이틀 들어오지 않고 마시기도 하는 남편을 찾으려고 눈보라를 뚫고 거리를 헤맨 것을 생각하면, 그것을 그저 우연이라고 말할 수는 없을 것입니다. 진실로 모든 것이 하나님의 은혜요 사랑이었습니다.

정신을 차린 남편은 울며 원망하는 내게 "다시는 술을 마시지 않을 생각이야"라고 다짐하며 위로하려고 애를 썼지만, 사실 나는 그 말이 그저 그 순간 무안함을 벗어나기 위한 남편의 임시 방편임을 너무 잘 알았습니다. 하지만, 내게 미안함을 갖고 사과하고, 자신을 살려주신 하나님께 감사하다고 말하는 남편을 보면서 살짝 기대도 갖게 되었습니다. 아니, 이렇게 부족한 남편을 지켜보시고 보호하시는 하나님께서 남편의 너스레를 진심으로 바꿔주실 것이라는 믿음을 갖게 되었습니다.

"하나님. 제 마음을 아시지요? 남편을 살리셨으니, 하나님의 사랑받는 장로가 되어 주의 일을 하도록 인도해 주세요"

순종이 제사보다 낫고

남편을 살려주심(2) _
무너지는 공사 현장에서

내가 이스라엘의 모든 죄를 보응하는 날에 벧엘의 제단들
을 벌하여 그 제단의 뿔들을 꺾어 땅에 떨어뜨리고 겨울 궁
과 여름 궁을 치리니 상아 궁들이 파괴되며 큰 궁들이 무너
지리라 여호와의 말씀이니라 _ (아모스 3장 14~15절)

남편과 나는 결혼할 때 이미 이불이나 베개 등 주로 집에서
사용하는 침구류나 가방 등에 수놓는 기술을 가진 기술자였습
니다. 특히 남편은 수놓을 도안을 그리는 데 남다른 면이 있어서
우리는 함께 공장을 시작했습니다. 부부가 마음이 맞고 신나게
일하다보니 실력도 금세 늘었고, 그만큼 입소문도 나서 주문량
이 많아졌습니다. 1년도 되지 않아 우리 두 사람만으로는 감당

할 수 없을 만큼 주문량이 늘어서, 결국 보조로 일하면서 기술을 배울 직원을 3명 고용해야 했고, 다시 6개월이 지났을 때는 직원이 10명이 되었습니다. 그즈음 집을 지었고 첫 아이도 얻었으니 남부러울 것이 없는 성공한 삶이었습니다.

그런데 이때부터 조금씩 남편이 변하기 시작했습니다. 아니, 처음부터 남편이 변하려고 한 것은 아니었습니다. 다만, '성공한 젊은 사장'이라는 타이틀이, '성실하고 정직한 사람'이라는 세간의 인정이, '넉넉한 인심과 덕스러운 성품'이라는 칭찬이 남편을 조금씩 바꾸기 시작했습니다.

남편은 사람들로부터 주목을 받으면서 더욱 '성공'하고 싶은 욕심을 갖기 시작했습니다. 그래서 평소 일할 때 거추장스럽다며 잘 입지 않던 정장을 입더니, 반지며 목거리까지 액세서리를 사서 패용하기도 했습니다. 친구들과 어울리며 이런저런 모임이 많아지면서 술도 배웠고, 회사 일이나 가정 일, 심지어 주일날 교회에서 하던 봉사도 조금씩 미루기 시작했습니다. 더 큰 성공을 위해 자신에게, 특히 "사업에 도움이 되는 인간관계를 맺어야 한다"면서, 그렇게 자신이 하는 것이 모두 저와 아이들을 위한 것이라고 되레 화를 내기도 했습니다.

남편의 변화 속에 가정일과 사업을 도맡아 하면서 점점 무거워지는 책임에 힘들어 하는데, 어느 날 남편이 공장을 크게 지어

순종이 제사보다 낫고

야겠다고 선언했습니다. 물론, 10명의 직원과 함께 일하는데도 주문량이 많아서 잔업을 하는 날이 많았고, 고객들의 요구조건을 충족하기 위해 기계를 도입하면서 공간이 비좁기도 했습니다. 또 새로운 기계들이 개발되니, 뒤처지지 않으려면 새로운 투자도 필요했습니다. 하지만, 나는 남편의 선언을 듣고 걱정이 앞섰습니다. 왜냐하면 남편은 그렇게 모든 것을 꼼꼼하게 따져보고 사업으로든 혹은 사명으로든 필요하고 타당한 목적 하에 공장 설립을 추진한 것이 아니었기 때문입니다. 그저 만나는 다른 친구들이 "누구는 어디에 공장을 증설했다더라", "또 누구는 어디에 땅을 사서 돈을 벌었다더라"하고 자랑하는 얘기를 들으면서 은근히 뒤처진다고 여겼던 것입니다.

어쨌든 회사의 대표인 남편이 선언한 것이니 공사는 진행되었습니다. 집 앞 넓은 공터를 매입하고 거기에 공장을 짓기 시작했습니다. 처음 계획을 말했을 때는 걱정만 되었지만, 막상 짓기 시작하면서부터는 나도 '좋은 공장을 지었으면'하고 바라기 시작했습니다. 벽이 세워지고 지붕이 올라가면서 공장의 웅장한 자태가 드러나자 나도 내심 뿌듯함을 느꼈습니다. 공사가 진행되는 내내 조금씩 이상한 일들이 생겼지만, 흔히 건축 현장에서 일어나는 일들이라고 '괜찮다'고 하길래 크게 상관하지 않았습니다. 하지만, 그것은 하나님께서 남편과 우리 가정을, 우리 기업을 살리시려고 주신 신호였음을 나중에서야 알게 되었습니다.

공장을 짓기 시작한 지 2달 쯤 되어 옥상을 만드는 날이었습니다. 매우 무겁고 가운데 홈이 있는 굵은 철근을 깔고 빨간 벽돌로 가장자리를 덮어 시각적으로도 아름다운 옥상을 만들었습니다. 그리고 마무리 과정에서 방수처리를 하고 있었습니다. 남편은 90% 이상 진행된 작업에 만족을 표하면서, 지어진 공장 안으로 들어가 곳곳을 살피고 있었습니다. 그런데, 그 순간 옥상이 통째로 무너지기 시작했습니다. 공장 밖에서 설명을 듣고 있던 나는 기절할 듯 놀라서 비명을 질렀습니다.

"아악, 여보~!"

순식간에 무너진 공장 옥상은 내부를 덮쳤고, 일어난 먼지로 아무것도 확인할 수 없었습니다. 눈물이 쏟아지며 뛰어 들어가려는 나를 사람들이 붙잡았습니다.

"안돼요. 내 남편이 지금 저기에 있어요."

함께 있던 사람들 역시 크게 놀라서 119에 신고하고 경찰을 부르는 등 난리법석을 떨었습니다. 경험이 많은 현장 감독이 재

순종이 제사보다 낫고

빠르게 수도를 틀어 물을 뿌리면서 일어난 먼지를 가라앉히고 내부를 향해 소리쳤습니다.

"거기 괜찮아요? 누구 다친 사람 있어요? 누가 대답을 좀 해봐요"

'사람이 다 죽었을 텐데 무슨 대답을 하라는 거야?'라는 생각에 화가 치밀면서 현장 감독에게 가서 화풀이라도 하려고 일어서는데, 남편의 목소리가 들렸습니다.

"네. 난 괜찮아요. 다행이 나를 비켜서 무너졌네. 다른 인부들은 다치지 않았나요?"

남편은 먼지와 물에 젖어 지저분한 몰골이 되었지만, 피 한방울 나지 않고 무사히 그 현장에서 걸어 나왔습니다. 계면쩍게 웃으며 놀란 마음을 감추고는 "이거 왜 무너진거야?"라며 너스레를 떠는데, 나는 그만 주저앉고 말았습니다. 남편이 무사한 것을 보니 다행이었지만, 그 짧은 순간 10년, 아니 20년은 늙은 듯 힘이 빠져서 아무 것도 할 수 없었습니다.

나중에 알고 보니 공사를 맡은 인부들이 남편의 성화에 못이

겨 옥상 바닥이 제대로 굳지도 않았는데 무리하게 후속작업을 진행했고, 미처 마르지 않은 옥상에 벽돌을 올리고 물을 뿌리니 약해진 바닥이 결국 무너졌던 것입니다. 무너진 옥상을 정리하고 다시 안전검사를 진행한 뒤 공사를 재개하여 한 달 반 뒤에 공장은 완벽하게 지어졌습니다. 하지만, 우리 부부는 이 사건을 그냥 해프닝으로 넘길 수 없었습니다. 왜 우리에게 이런 일이 일어났는지 알아야 했습니다.

공장의 옥상이 무너졌지만 털끝만큼도 다치지 않고 생환한 남편으로 인해 감사하며, 금요철야 예배에 참석하여 예배를 드리는데 본문말씀, 곧 '아모스서 3장'의 말씀이 뇌리를 강타했습니다.

> "내가 너희 부부를 사랑해서 복을 주었는데, 너희가 나를 기억하지 않았구나. 내가 너희의 모든 죄악에 보응하리라. 내가 이미 수차례 너희에게 경고하였는데, 너희가 도무지 듣지 않는구나. 내가 너희들이 사랑하는 너희의 궁전을 무너뜨리리라."

당시 남편은 집사의 직분자로 교회에서 많은 역할들을 감당했지만, 이미 수개 월 전부터 세상을 더 사랑해서 조금씩 하나님께로부터 멀어졌고, 나 역시 그런 남편을 걱정하며 불안했지만 결국 건축이 진행되면서는 공장이 완공된 후 우리 가정이 누릴 복을 기대하며 아무런 문제가 없는 듯 "하나님께 복을 더해 달라"고만 기도했었습니다. 이미 주신 것이 넉넉했고 하나님께서 바라시는 것이 세상적으로 성공하는 것이 아닌데, 우리는 우리가 성공하는 것이 하나님을 위한 것이라는 궤변을 앞세우며 오히려 하나님으로부터 멀어지고 있었음을 깨닫게 되었습니다.

눈물로 회개의 기도를 드렸습니다. 남편을 살려주신 하나님께서, 이번에는 나를 죽음에서 건져주신 것을 깨달았습니다. 집에 돌아와서 남편에게 하나님께서 주신 감동을 전해 주었습니다. 남편은 깜짝 놀라며, "옥상이 무너지기 며칠 전부터 꿈자리가 뒤숭숭하고 마음이 불편해서 정말 오랜만에 혼자 기도했는데, 눈물이 나고 하나님께서 보호하신다는 확신이 들더라고"라며 자신만 아는 간증을 해 주었습니다.

> "여보, 그런 경험을 하고도 왜 바로 하나님 앞에 나가지 않았어요?"
> "나는 잠깐 하나님께서 위로해 주신 줄로만 알았지. 하나님께서 나에게 기회를 주시려고, 먼저 경고하신 것이라는 사실을 이제라도 알았으니 다행이네."

우리 부부는 하나님의 은혜에 감사하며 함께 기도하였습니다. 일반적인 상식으로는 도저히 있을 수 없는 불가능한 일, 곧 하나님의 기적이 우리 부부에게 일어난 것이 놀라웠고, 감사했고, 다행이었습니다. 하나님께서 택하신 자녀라는 사실을 다시 깨닫게 해 주셔서 감격하였습니다. 그리고 그 자녀의 부족함, 범죄함을 안타깝게 여기시고 다시 살리기 위해 애쓰시는 신실하신 하나님을 찬양합니다. 하나님, 너무 너무 감사합니다. 할렐루야. 영광을 주님께 돌립니다. 아멘.

순종이 제사보다 낫고

화재(火災)를
화제(話題)로 바꾸신 하나님

"오직 내 말을 듣는 자는 평안히 살며 재앙의 두려움이
없이 안전하리라"_ (잠언 1장 33절)

면직물을 생산하는 공장은 늘 철저히 조심해야 하는 것이 몇
있습니다. 큰 기계를 사용하다보니 인명이 상하는 사고가 발생
할 수 있어서 조심해야 하고, 장마라도 시작되면 혹 물이 새지
않을까 노심초사해야 합니다. 그리고 무엇보다 '화재(火災)'가
생기면 걷잡을 수 없기에 극도로 예민하여 아침저녁으로 공장
의 전기시설을 점검해야 했습니다.

나는 매일 아침 누구보다 먼저 공장에 출근해서 하루 일할 것
을 점검하고 청소하며 안전을 점검했기 때문에 하루를 시작할
때는 비교적 마음이 놓였습니다. 하지만, 잔업을 마치고 퇴근할

때면 우리 부부를 포함한 전 직원들이 돌아가며 마무리 정리를 했는데, 남편이 방황하기 시작하면서부터는 나 역시 여유가 없어서 전적으로 직원들에게 뒷마무리를 맡겨야 했습니다.

하루는 집에 퇴근하여 5남매를 먹일 저녁상을 준비하다가 TV를 켰는데, 마침 뉴스가 어느 시장에서 일어난 '화재사건'을 보도하고 있었습니다. 한 시장의 '면직물 창고'에서 시작된 불이 걷잡을 수 없이 확대되어 시장의 절반을 태웠다는 기사에 깜짝 놀라서 하던 일을 멈추고 뉴스를 청취했습니다. 내가 너무 집중하여 뉴스를 보고 있으니까 큰아들이 내게 물어보았습니다.

"엄마, 저기 엄마 공장 아니잖아요? 왜 그렇게 걱정하세요?"
"그래. 엄마 공장이 아니지만, 엄마 공장도 비슷한 업종을 하니까 늘 화재가 신경 쓰이거든."
"그래요? 그럼 엄마. 나 배고프니까 빨리 밥 주세요. 밥 먹고 엄마랑 나랑 소방관처럼 공장을 한 번 점검해봐요."

아들의 당돌한 말이 대견하기도 했고 한편으로는 우습기도 했지만, 일단 멈췄던 저녁 준비를 서둘러 마치고 아이들과 저녁식사를 했습니다. 그리고 설거지도 마친 후에 아들의 말처럼 함께 공장으로 갔습니다.

모두 퇴근했고 전원이 내려져 깜깜한 공장에 들어가서 불을

순종이 제사보다 낫고

켜는데, "엄마, 어디서 타는 냄새 안나요?"라고 아들이 물어보았습니다. 깜짝 놀라 집중하여 냄새를 맡는데, 정말 어디선가 타는 냄새가 났습니다. 황급히 공장의 불이라는 불을 모두 켜고 구석구석 살피는데, 공장 내부에서는 도무지 불타는 흔적을 찾을 수 없었습니다.

"이상하다. 분명히 타는 냄새가 났는데 …… "

아들과 나는 의아해하면서 고개를 갸웃했지만, 한편으로는 불이 나지 않은 것이 다행이어서 불을 끄고 공장을 나서려고 했습니다. 그 순간, 아들이 놀라서 소리를 질렀습니다.

"엄마, 저기 불꽃이 튀어요."
"어디? 어디에서 불꽃이……"

채 말을 잇지 못하고, 아들이 가리킨 방향을 바라보았는데 두꺼비집 근처에서 연기가 나는 것을 발견했습니다. 일반적으로 두꺼비 집 근처에서는 누전사고가 잘 발생하는 탓에 감전사고를 조심하지 화재는 별로 염려하지 않았습니다. 그래서 곳곳을 살펴보면서도 두꺼비집은 보지 않았는데, 하필이면 그곳에서 불꽃이 일었던 것입니다.

한달음에 달려가서 물을 떠다가 두꺼비집을 열고 물을 뿌렸습니다. 불이 얼마나 큰지는 확인도 하지 않고 일단 물을 뿌렸더니 '치익~'하는 소리와 함께 공장의 불이 모두 꺼졌습니다. 칠흑 같은 어둠이 다시 찾아왔지만, 안도감에 저절로 한숨이 내쉬어 졌습니다.

잠시 불이 붙는지 살펴보다가 괜찮은 듯해서 공장 직원들에게 급히 연락을 취해서 모두 공장으로 나왔고, 소방서에 연락했더니 당직을 서던 소방관 두 명이 찾아와서 긴급하게 안전점검을 실시해 주었습니다. 직원들과 나는 다시 한 번 공장 곳곳을 점검했고, 다행히도 아무런 일 없이 귀가할 수 있었습니다.

집에 오는 길에 나는 아들이 너무 대견하고 고마워서 인사를 했습니다.

"아들. 오늘 네 덕분에 엄마는 큰 화재를 막을 수 있었어. 너무 고마워. 그런데 어떻게 오늘 공장을 찾을 생각을 했어?"
"사실, 배가 고파서 엄마를 조른 것뿐이에요. 지난 주일 교회학교에서 선생님이 '어떤 일이 있으면 걱정하지 말고 기도하고 도전해봐. 하나님께서는 우리에게 닥칠 어떤 재앙도 막아주시고, 우리가 승리할 수 있도록 늘 지켜 주신단다'라고 말씀해 주신 것이 생각나기도 했고요"

엄마의 칭찬과 감사 인사에 멋쩍은 듯 웃으며 대답하는 아들

　　　　　　　　　순종이 제사보다 낫고

을 보면서, 나는 다시 한 번 하나님께 감사하지 않을 수 없었습니다. 하나님께서 교회학교 선생님을 통해 아들에게 말씀하셨고, 내가 뉴스를 보며 불안감에 휩싸였을 때 아들이 들었던 말씀을 떠올릴 수 있었던 것이 참으로 신기했습니다. 아들과 함께 저녁식사 후 공장을 찾았고, 다시 나오기 전에 무심코 지나친 두꺼비집에서 불꽃이 튀는 것을 아들이 발견한 것도 신기했습니다. 이 모든 것을 어떻게 우연이라고 얘기할 수 있겠습니까?

만약, 그날 공장에서 불이 났더라면 우리는 회복불능의 큰 어려움에 처했을 것이 분명합니다. 우리 가족뿐만 아니라 공장에서 함께 일하는 직원들은 물론이고, 이웃한 가게들도 큰 피해를 입었을 것입니다. 상상만 해도 두려운 일이 아닐 수 없었습니다.

아침이 되어 출근해서 두꺼비집을 새로 교체하는데, 사람들마다 다행이라며 때맞춰 공장을 점검한 나를 칭송했습니다. 나는 그때마다 "결코 내가 아닙니다. 하나님께서 내 아들에게 영감을 주셔서 나에게 기회를 주신겁니다."라고 고백했습니다. 사람들이 듣는 둥 마는 둥 했지만, 나는 고백할수록 하나님의 섭리를 더욱 확신하게 되었습니다.

모든 재앙 가운데서 두려움 없이 안전하게 하시는 하나님의 사랑에 감사드립니다. 하나님은 화재(火災)를 화제(話題)로 바꾸셨습니다.

너는 사람과 더불어 손을 잡지 말며 남의 빚
에 보증을 서지 말라 만일 갚을 것이 네게
없으면 네 누운 침상도 빼앗길 것이라 네가
어찌 그리하겠느냐 _ (잠언 22장 26~27절)

Obedience

제3부

탄식을 찬양으로
바꾸시는 하나님

Obedience 08

남편의 빚보증?
하나님의 빚보증!

너는 사람과 더불어 손을 잡지 말며 남의 빚에 보증을 서지 말라 만일 갚을 것이 네게 없으면 네 누운 침상도 빼앗길 것이라 네가 어찌 그리하겠느냐 _ (잠언 22장 26~27절)

하나님은 약속을 기업으로 받는 자들에게 그 뜻이 변하지 아니함을 충분히 나타내시려고 그 일을 맹세로 보증하셨나니 이는 하나님이 거짓말을 하실 수 없는 이 두 가지 변하지 못할 사실로 말미암아 앞에 있는 소망을 얻으려고 피난처를 찾은 우리에게 큰 안위를 받게 하려 하심이라 _ (히브리서 6장 17~18절)

　젊은 시절부터 50대까지, 결혼 후 2~3년의 기간을 제외하면 나는 늘 '평안'이라는 단어를 소원했습니다. 그만큼 '평안'은 좀처럼 나에게 허락되지 않는 것이었습니다. 그리고 그 주된 이

유는 분주한 삶이나 오남매를 키워야 하는 엄마의 땀과 눈물이 아니라, 바로 남편이었습니다.

20대의 젊음을 자랑하는 사람 중 멋지지 않고 아름답지 않은 사람이 누가 있겠습니까? '젊음'이라는 한 단어는 그 대상이 얼마나 보석같은 아름다움을 소유하고 있는지를 잘 말해주지요. 그래서 10대는 20대를 동경하고, 30대부터는 20대를 회상하는 것이겠지요. 아무튼, 처음 만났을 때 남편의 나이가 26세였는데 정말 매력적인 사람이었습니다. 외모가 배우처럼 잘생긴 것은 아니지만, 그는 듬직했고 매사 신중하고 성실했으며, 늘 매너 있게 사람들을 대했습니다. 특히 내게는 친구이자 오빠가 되어주었고, 때로는 아버지처럼 버팀목이 되어주기도 했습니다. 그래서 나는 남편과의 결혼에 확신을 갖게 되어 가정을 이루었고, 그 믿음은 큰딸이 태어날 때까지 틀리지 않았습니다. 하지만, '성공'이라는 선악과가 열어 준 새로운 세계는 나의 '확신'을 '탄식'을 바꾸어 놓았습니다.

처음 남편을 만났을 때, 그는 술이나 담배를 전혀 못하는 사람이었습니다. 그저 마음씨 착하고 알뜰하고 아주 고운 사람이었습니다. 비록 아무것도 없는 가난한 사람이었지만 그는 충분히 매력적인 사람이었습니다. 또 고작 26세의 젊은이가 부모의

순종이 제사보다 낫고

도움 없이 가질 수 있는 것이 얼마나 많겠습니까? 그런 조건이 아니라 그가 가진 꿈과 기술이면 충분하지 않겠습니까? 비록 빈손으로 시작해야 했지만, 우리 부부는 서로 두 손 마주잡고 가정을 이루었습니다. 가진 기술을 잘 활용해서 공장을 번성하게 했고, 불과 2년도 지나지 않아 대지 60평에 큰 양옥집을 지었으니, 동년배들에 비하면 한참 일찍 성공한 셈이었습니다. 그리고 그 중심에는 매일 집, 공장, 그리고 교회만 오가며 성실하게 사는 남편이 있었습니다. 어느 날 남편이 깊은 고민에 빠져 있는 것을 보았습니다.

"여보, 무슨 일 있어요? 왜 그래요?"
"아니, 별것 아니야!"
"에이, 얼굴에 딱 '고민중'이라고 써 있는데. 그러지 말고
얘기해봐요. 내가 같이 고민해 줄게"
"마을 어른들이 내게 통장을 맡아달라고 하네"

남편의 고민은 동네 어른들이 마을을 위해 통장으로 수고해 달라고 부탁한 때문이었습니다. 본래부터 같은 동네 어른들에게 인사하는 것은 기본이고, 힘들게 짐을 지고 가는 어른들을 뵈면 자기 일을 멈추고라도 돕는 사람이었습니다. 또 어느 날은 동네

어귀에서 장기를 두는 어른들에게 밥을 대접하면서 동네를 훈훈하게 만들었습니다. 아마도 그런 남편이 집도 짓고 공장도 커지는 듯하니 어른들이 탐을 내었던 것입니다.

사실 그 얘기를 듣자마자 나는 "여보, 그런 거 아직 이르지 않아요? 미안하지만, 이번에는 그냥 거절해요."라고 말하고 싶었습니다. 30세도 되지 않았는데 마을 통장을 맡는 다는 것이 아무래도 어울리지 않는 것 같았습니다. 하지만, 남편은 고심 끝에 받아들였습니다. "한두 해라도 먼저 해보자. 조금 지나서 사업이 더 번창하면 시간이 없으면 하려고 해도 못해."라고, 불안해하는 나를 다독이며 통장이 되었습니다.

그로부터 남편은 의욕적으로 동네의 일들에 관여하기 시작했습니다. 안전한 동네를 만들기 위해 방범대를 활성화시키기도 했고, 동네 구석진 곳에 전등을 달아 밤에도 마음 놓고 다닐 수 있게 하였습니다. 마을회관에서 노인들이 편히 쉴 수 있도록 의자도 가져다 놓았고, 때마다 반장들을 모아 대접하며 마을 주민들의 이런 저런 고충을 함께 상의하였습니다. 그런데 그렇게 애쓰는 것과 별개로 외부 모임이 자꾸만 늘어가기 시작했습니다. 남편이 승승장구한다고 하고 나중에 정치도 할 거라는 웃지 못할 얘기도 들리더니, 경찰서장, 구청장, 정화위원, 공화당 당원 등 다양한 사람들까지 만나서 교류하기에 이르렀습니다. 그리고

순종이 제사보다 낫고

그때부터 남편이 잦은 술자리에 참석하기 시작했고, 조금씩 사업과 가정에서 멀어졌습니다.

통장을 넘어 더 큰 자리로 가야한다는 부추김에 들떠서는 정말 '국회의원'이라도 된 듯 사람들을 몰고 다니며 술을 먹고 낚시를 다니고 운동하러 다녔습니다. 그리고 그렇게 세상적으로 '성공'하려고 힘쓰다보니 집사의 직분을 잊고 교회에서 맡았던 일들도 죄다 내려놓고, 종국에는 '주일성수'의 가장 기본적인 것조차 지키지 않게 되었습니다. 이런 남편을 두고 걱정하지 않을 아내가 어디 있겠습니까?

**'행복한 가정을 꿈꾸며 몇 년간 함께 수고하여 그 기반을
닦았다고 생각했는데, 이렇게 쉽게 망조가 들다니 ……'**

결코, 이럴 수는 없는 거라고 하나님께 매일 울며 기도하였습니다. 하지만, 남편의 방황은 조금도 나아지기는커녕 점점 심각해 졌습니다. 남편이 사업에 신경을 쓰지 않으면서 일감이 줄고, 나 홀로 직원들과 매일 야근하며 일해도 간신히 현상 유지에 그치고 있는데, 남편은 '영업 접대'라는 명목으로 지출을 계속 늘렸습니다. 나중에 알고 보니 남편은 '과시욕구'에 빠져서는 감당하기 어려운 술값을 계속 부담했고, 그걸 마련하

기 위해 가족 몰래 금반지, 금목걸이, 시계 등 자신의 액세서리마저 다 처분했었습니다. 그나마 거기에서 멈추었더라면 좋았을 텐데, 남편은 자신을 칭송하는 (사실은 이용하고 조롱하는) 사람들에게 둘러싸여 현실을 외면한 채 그들의 필요를 채워주는 것만이 자신에게 '성공', '출세'의 보증수표인 듯 여기게 되었습니다. 그래서 급기야는 그들 중 몇몇에게 필요한 자금을 대주기 위해 빚보증을 서 주었던 것입니다. 그리고 그 빚보증이 우리 가족의 목을 죄는 족쇄가 되어 돌아오기 시작하면서, 우리 가족은 고난의 광야생활을 해야 했던 이스라엘 민족과 같은 처지가 되었습니다.

　위태로운 가정을 추스르기 위해 나는 정신없이 일했습니다. 쉴 수 있는 시간은 고작 하루 서너 시간 잠들 때뿐이었습니다. 조금 더 나은 미래를 위해 지인들과 함께 만들었던 계는 남편의 빚을 갚기 위한 수단으로 바뀌었고, 더 큰 공장을 짓기 위해 매입했던 땅도 대출을 갚기 위해 팔아야 했습니다. 매월 직원들 월급날이며 원자재 대금 결제일이 다가오면, 제 시름은 그야말로 땅속으로 1,000장(丈)은 꺼질 듯 깊어지기만 했습니다. 그나마 하나님께서 "남한테 사기치고 못할 짓 하는 것보다는 낫지 않니?"라는 생각을 주시는 듯해서 위안을 삼기도 했고, '그래, 하나님께서는 우리가 감당하지 못할 시험은 안 주신다고 하셨는

　순종이 제사보다 낫고

데 실망하지 말자. 용기를 내서 열심히 일을 해서 빚을 다 갚자.'
고 스스로 다짐도 하였습니다. 하지만, 조금도 나아지지 않는 상
황이 힘들었고, 내가 가지고 있었던 모든 것들이 사라지기 시작
하면서 '감사의 기도'가 사라졌습니다. 사실, 기도할 시간조차
없이 일했다고 변명하지만, 나에게서도 하나님을 향한 예배는
어느새 우선순위에서 뒤로 밀려 있었습니다.

남편의 태도는 여전히 바뀔 기미조차 보이지 않는데, 이미
진 빚을 채 다 갚기도 전에 또 빚을 늘리는 악순환이 계속되면
서 끝내 함께 지은 양옥집마저 팔아서 빚을 갚아야 했습니다.
심지어 그렇게 집까지 처분했지만 빚을 다 감당하지 못해서
간신히 생필품만 챙겨 거리로 쫓겨나야 할 상황에 놓이고 말
았습니다. 5남매 중 제일 큰 아이가 이제 고작 중학교 1학년인
데, 일곱 식구가 살 집이 없어 거리로 나서게 될 생각을 하니
앞이 깜깜했습니다. 그제야, 아무것도 남아 있지 않고, 아무것
도 할 수 없는 그 순간에 이르고서야 나는 '아버지 하나님'을
떠올렸습니다.

'하나님 아버지께서 나를 불쌍히 여겨 주실까? 지금 내 처
지를 알고는 계실까? 그동안 바쁘다는 핑계로, 삶이 고단
하고 어렵다는 이유로 예배도 소홀했고, 남편의 방황을 이

유로 원망하기 바빴는데, 하나님께서 내게 질책하고 혼내지는 않으실까?'

하나님을 생각했지만, 막상 기도하려니까 별의별 생각이 다 들었습니다. 하지만 더 잃을 것도 제겐 없었습니다. 다만, 하나님께서 내게 "내 딸아, 내가 너를 사랑한다. 내가 항상 너와 함께 있을 거야."라고 약속하셨던 것만 생각했습니다. 매우 이기적인 생각이었지만, '**하나님의 약속을 보증 삼지 않으면**', 나는 더 이상 버틸 힘이 없었습니다.

다시 밤마다 성전에 가서 울며 기도했습니다. 하나님께서 우리 가족을 불쌍히 여기시고, 이 어려움을 견디고 헤쳐 나갈 방법을 허락해 주시기를 기도했습니다. 얼마나 통곡하며 기도했는지, 평소 말없이 지나쳤던 분들까지 내가 기도 마치기를 기다렸다가 위로해 주곤 했습니다. 그 즈음 우리 교회에 부흥집회 열리게 되었고, 부흥강사로 김춘기 목사님이 오셨습니다.

나는 이 기회를 놓칠 수 없었습니다. 경제적으로 사회적으로 잃은 것을 되찾을 기회가 아니라, 영적으로 잃어버린 우리 가족의 건강과 비전을 다시 찾아야 했습니다. 나는 남편에게 "이번에 우리 교회에서 부흥회를 여는데 이번 기회에 하나님 앞에 회개를 철저히 하고 새사람이 될래요? 나하고 이혼을 할래요?"라

순종이 제사보다 낫고

고 대차게 물었습니다. 남편은 예상 밖으로 쉽게 "다시는 안 그럴게. 나도 이제 술도 끊고, 새사람이 되야지."라면서 용서를 빌더군요.

'아, 하나님 감사합니다.'

부흥회를 참석한 것도 아니고 여전히 뚜렷하게 변화한 것도 없었지만, 남편의 입으로 '회개의 말이, 용서의 말이' 고백되게 하신 것, 그것이 너무 감격스러웠습니다.

남편과 아이들, 우리 가족 모두가 부흥회에 참석했는데 첫날부터 우리 가족은 말씀과 찬양에 감동하며 기도했습니다. 그리고 집회 중 자녀들을 말씀으로 가르치는 데 필요한 '교회 교육관' 건축을 위해 작정헌금을 하자는 말씀을 듣게 되었습니다. 그 말씀을 듣고 고민이 되었습니다. '우리 형편은 당장 먹고 살 것도 없는데, 작정헌금을 해야 하나?' 어쩌면 당연한 고민이지만, 한편으로는 쓸 데 없는 고민이라고 생각할 수도 있습니다. 형편이 어려우면 안 하면 그만이니까요. 하지만, 왜 그렇게 마음에 남아 고민하게 했는지, 그 이유는 나중에서야 알게 되었습니다.

작정헌금을 할지 말지 고민하는데, 주일날 교회에 가는 것을 빌미로 십일조와 헌금을 받아 술값을 치르던 남편이 고민하는 내게 말하더군요.

> "여보, 내가 남 빚보증하느라 모든 것을 잃었는데, 우리가 작정헌금을 하면 하나님께서 우리의 빚보증이 되어 주시지 않을까?"

평소 남편이 회개하고 돌아와서 하나님께 쓰임 받는 사람, 즉 교회에서 존경받는 장로가 되기를 바라며 기도했지만, 나는 남편의 신앙에 대해 늘 물음표를 갖고 있었습니다. 너무 오랜 시간 방황했기 때문입니다. 심지어 남편의 질문을 듣고도 나는 그 질문이 하나님을 온전히 믿으며 말한 것이라고 생각하지 않았습니다. 다만, 그 질문이 나를 깨우치시려는 하나님의 음성으로 들렸습니다.

> "박 집사야. 네가 보증 삼았던 남편이 너의 보증이 되었더냐? 네가 보증 삼았던 공장, 땅, 집이 너의 보증이 되었더냐? 너는 왜 나를 잊고 있는 것이냐? 내가 너의 보증이 되기에 여전히 부족하다 여기느냐?"

순종이 제사보다 낫고

하나님께서 꼭 이렇게 말씀하시는 것을 들려, 큰 충격에 빠졌습니다. 간신히 정신을 차리고 남편에게 고백하였습니다.

"당신이 그렇게 말씀해 주시니 고마워요. 우리 하나님께 보증이 되어달라고 기도해요. 헌금도 작정하고 그 작정한 예물을 드릴 수 있게 살 길을 열어달라고 해요."

그렇게 우리는 교회 교육관을 건축하기 위한 헌금을 작정하게 되었습니다. 당시 우리 교회에서 가장 부유하기로 소문난 한 장로님이 70만 원을 작정하셨는데, 우리 부부는 50만 원을 작정하였습니다. 지금 가치로 환산하면 아마도 5억 원쯤 되는 큰 돈이었습니다. 당시 우리가 살던 60평대 금호동 집이 50만 원 조금 더 되었으니까요. 아마도 사정을 모르는 사람들은 우리를 보고 '저 부부가 주택복권이라도 당첨되었나보네'라고 생각했을지도 모릅니다.

감사하며 집회를 마친 다음날, 길 건너 사는 50이 넘은 나이 많으신 권사님이 찾아 오셨습니다. 평소 인사를 주고받기는 하지만 딱히 친하게 왕래하지는 않는데, 부흥회 전에 갑자기 생각나서 함께 참석하시자고 권했던 기억이 있습니다. 그때 권사님은 "나는 바빠서 못 간다." 하시면서 전화번호를 하나 주셨습니다. 찾아온 권사님은 "내가 준 전화번호로 전화해 봤어요?"라고 물으시더군요. '아직 못했다'는 내 대답에 갑자기 역정을 내시면서, 나에게 독촉하셨습니다.

> "소문에 들으니 빚보증을 잘못 서서 끼니거리가 없도록 망했다면서? 오전 중으로 일본인 다나까 사장을 만나기로 했으니까 빨리 집사님이 찾아가서 만나 봐요."

오후 세 시쯤 전화를 걸어보니 "기다리고 있다."면서 빨리 오라고 하더군요. 부리나케 가서 만나보니 한국 사람인데 일본을 왕래하며 무역업을 하는 재일교포였습니다. 다나까 사장님은 우리 부부가 컴퓨터 기계로 자수를 놓는 사업을 하고 있다고 들었는데, 이불에 수놓은 샘플을 보여주면서 "제작할 수 있겠습니까?"라고 물어왔습니다. 나는 당연히 "충분히 잘 할 수 있다."고 대답했고, 다나까 사장님은 더 묻지도 않고 그 자리에서 5만 원을 계약금으로 주면서 이불 25장을 샘플로 제작해서 빨리 가져오라고 했습니다. 자리에 앉아 인사하고 얘기를 시작한 지 10분도 지나지 않았습니다. 나는 어안이 벙벙하여 할 말을 잇지 못했습니다.

요구조건이 꽤 까다롭고, 최고급 원자재를 구하는 데 시간

순종이 제사보다 낫고

이 소요되었지만, 샘플 25장을 제작하는 데는 불과 이틀의 시간과 2~3천 원의 비용이면 충분했습니다. 최선을 다해 이불 25장을 제작해서 갖다 주었더니, 3일 후에 일본에서 연락이 왔습니다.

"박 사장님. 이곳 상점들마다 '너무 좋은 제품이다'라며 대환영입니다. 이불 샘플들을 여럿 보낼 테니 최대한 많이 확보해서 제작해 놓으세요. 작업을 위해 계약금을 보냅니다."

'아. 이제 살 수 있겠구나.'

눈물이 쏟아졌습니다. 전화를 끊지도 못하고 주저앉아 울고 말았습니다. 모든 것을 잃었기에 절망하고, 생명조차 부질없게 여겨졌었는데, 5남매를 바라보며 간신히 힘을 내어 버텼는데, 하나님께서 나를 절망에서 건지시고 다시 서게 하시니 얼마나 감동이 되는지 주체할 수가 없었습니다.

이후 우리 부부는 퇴사했던 직원을 다시 고용하다 못해 다른 공장에 하청까지 주어 일해야 했고, 불과 반년이 지나지 않아 그 많았던 빚을 다 갚고, 더 큰 집을 살 수 있게 되었습니다. 하나님께서 우리 가정의 빚보증자가 되시니 그 빚이 아무것도 아닌 것이 되었습니다. 하나님께서 남편과 나의 빚보증자가 되어 주시니 잃어버렸던 관계가 회복되었습니다. 남편이 다른 사람의 빚보증을 설 때마다 '실패'가 찾아왔고, 내가 모은 재물을 '보증' 삼을 때마다, 그 보증이 아무런 힘없이 신기루처럼 사라졌지만, 우리 하나님께서 빚보증이 되어 주시니 만사가 형통하게 되었습니다.

하나님의 신실하시고 넉넉히 채우시는 은혜에 감사합니다. 하나님의 놀라운 사랑을 찬양합니다.

탄식을 부르는 기도,
찬양으로 바꾸시는 하나님

예수께서 베드로의 집에 들어가사 그의 장모가 열병으로
앓아 누운 것을 보시고 그의 손을 만지시니 열병이 떠나
가고 여인이 일어나서 예수께 수종들더라 _ (마태복음 8장
14~15절)

　　남편이 한창 방황하며 방탕한 삶에 빠져 있을 때입니다. 거의
매일 술에 취하고 주말마다 낚시를 다니며 세상 친구들과 어울
려 노는 남편을 두고도 나는 "하나님, 제 남편이 정신 차리고 술
을 끊고 다시 하나님께 돌아와서 쓰임 받는 장로가 되도록 은혜
를 베풀어 주세요"라고 기도했습니다. 하지만 그 기도는 늘 허
공에 쌓이는지 남편은 좀처럼 변화할 기미조차 없었습니다. 어

느 날에는 남편의 무관심과 무책임에 화가 나서 "나는 몸이 열 개라도 모자라는 형편인데, 당신은 술 마시고, 산으로 들로 놀러 다니기 바쁘니 좋나요? 제발 정신 차리세요?"라며 대들기도 했습니다. 하지만, 그 말에 남편은 오히려 살림 다 부수며 화를 냈고, 아주 가끔이었지만 내게 폭력을 휘두르기도 했습니다.

가장 견디기 어려운 것은 남편이 술을 마시다가 돈이 없으면 집 전화번호나 주소를 담보로 내놓아서 술집 아가씨들이나 웨이터들이 집으로 찾아와서 "술값 내놓으라."며 난리를 칠 때였습니다. 그때마다 동네 사람들이 수군거리며 조롱할까봐 창피해서 있는 돈 없는 돈 마련하여 갚아주기 바빴습니다. 한창 사춘기에 접어든 딸들이 창피해서 죽겠다며 원망할 때마다 나는 가슴이 미어졌습니다. 정말 하루에도 몇 번씩 '도망이라도 갈까?'하는 유혹이 나를 괴롭혔습니다. 그때마다 하나님께서 5남매의 얼굴을 생각하게 하셨고, 나는 간신히 마음을 다잡곤 했습니다.

그런데, 어느 날 결코 참기 어려운 일이 발생했습니다. 동네에서 꽤 크게 영업하는 H맥줏집에서 두 명의 여자 직원들이 술값을 받으러 집으로 찾아왔습니다. 마침 집에 남편이 있었지만 남편은 나에게 응대하라고 했고, 불과 이틀 전 월급과 자재 대금을 지급했던 나는 "오늘은 돈이 없어요. 다음에 전화하고 오

순종이 제사보다 낫고

면 줄게요."라고 답변할 수밖에 없었습니다. 조심스럽게 진심을 다해 말했지만, 그 아가씨들은 도무지 갈 생각이 없는지 한참동안 서 있더군요. 그래서 "아가씨들, 돈이 있으면 주지 왜 안 주겠어요?"라며 다시 한 번 달래는데, 갑자기 남편이 방에서 나오며 "빨리 돈 주고 보내"라면서 소리치더군요. 어이없어 다른 반응도 못한 채, 쳐다봤더니, "아니, 사람이 말하는데 듣지도 않아?"라며 외치고는 달려들어 저를 폭행했습니다. 밀치고, 때리고, 심지어 목을 발로 짓밟아서 '나는 이제 죽는구나.'하는 공포심에 사로잡혀 그저 울면서 "주님, 저를 받아주세요"하고 예수님 이름만 부르다가 정신을 잃었습니다. 얼마가 지났을까. 정신을 차리고 눈을 떠보니 아무도 없었습니다. 일어날 힘도 없어 자리에 누운 채 한참 울다가 일어나려고 목을 드니까 목이 마루에 붙은 듯 꼼짝도 할 수 없었습니다. '설마 이렇게 죽는 건 아니겠지.' 싶어 두렵고 떨려서 그저 주님만 부르면서 일어나려고 애를 썼습니다. 누운 채로 손으로 들리지 않는 목을 주무르면서 '주여 어찌하오리까. 주님. 주여.' 부르면서 울다보니 어느새 두세 시간이 흘렀습니다. 그때부터 아주 조금씩 목이 움직여졌고, 조금 더 시간이 지나면서 머리를 들 수 있게 되었습니다. 너무 고통스럽고 공포스러운 시간이었습니다. 나를 때리고 짓밟던 남편이 계속 생각나서 더욱 아프고 슬펐습니다. 그러다가 순간 나도 모르게 마음속으로 '손목이나 부러져라'라고 저주 같은 외침이 터지고 말았습니다.

"하나님. 나를 무지막지하게 때리던 남편의 손목이 꺾어지면 좋겠습니다."

설마, 하나님께서 내 외침을 들으셨어도 정말로 그렇게 하시지는 않을 거라고 생각했습니다. 다만 분한 마음에, 내 속에 있는 아픔을 알아주시면 좋겠다는 마음에 하소연한다는 것이 저주와 같은 기도를 한 것이지요.

그 일이 있고 두 달이 조금 안 되었는데, 남편은 주일날 관광 일정을 잡고 동네 부녀회 회원들과 통반장들을 동원해서 놀러 갔다가 저녁 늦게 집으로 돌아왔습니다. 그런데 어딘가 불편해 보이고 심지어 아프다고 고래고래 소리치더군요. 살펴보니, 한쪽 손목이 탁 꼬부라져서 그대로 굳어 돌아가지 않았습니다. 특별히 어디에 부딪히거나 꺾인 사건이 없었다는데, 갑작스러운 몸의 변화에 남편은 고통스러워하며 두려워서 벌벌 떨기만 했습니다. 용하다는 한의사를 찾아 침을 맞고 한약을 지어 먹었습니다. '풍'이나 '신경계통'에 탁월하다는 양방병원을 찾아 진료를 받고 치료하기도 했습니다. 하지만 아무

순종이 제사보다 낫고

런 소득이 없었습니다.

남편은 마지못해 교회에 나가서 고쳐달라고 기도하기도 했고, 유명한 설교가인 빌리 그래함 목사님이 한국에 왔을 때 그 집회에 참석했다가 저녁에 목사님이 묵는 호텔로 찾아가서 특별 안수기도를 받기도 했습니다. 하지만 한번 굽어진 손목은 펴지지 않았습니다. 남편은 손목만 고칠 수 있다면 무엇이라도 하겠다는 집념이 강했던 탓에 아주 많이 실망하더군요.

> **"이제 나는 병신이 되고 말았어. 한 손으로는 아무런 일도 할 수 없잖아. 샘플을 제작하려면 그림을 그려야 하는데, 오른손이 굽어 사용할 수 없으니 자연히 그림도 못 그리게 되었어"**

정작 손이 건강할 때는 사업에 신경 쓰지 않았고, 가정이나 교회를 돌보기는커녕 술 마시며 산으로 들로 놀러 다니기 바빴으면서, 마치 손이 굽어서 모든 것을 할 수 없게 된 듯 원망하는 남편을 보면서 기가 막혔습니다. 하지만 내게는 하나뿐인 남편이어서, 아이들에게도 하나뿐인 아버지이기 때문에, 그리고 하나님께도 잃어버린 아들이기에 나는 가만히 있을 수 없었습니다. 무의미한 치료가 거듭될수록 이제는 손이 정상으로 돌아오지 못한 채, 굽은 손으로 남은 평생을 살아야 할지도 모른다는 공포가 남편은 물론이고 우리 가족들을 사로잡을 때쯤, 하나님께서 예비하신 문이 열렸습니다.

그런 남편을 보고 있자니 불쌍한 생각이 들어서 "남편을 위해서 내가 무엇을 어떻게 해야 하나요?"하고 기도하는 중 일주일간 철야기도를 하고 싶은 생각이 들어서 작정하였습니다. 지금은 금요일 저녁에 철야예배를 드리고 늦어도 저녁 12시 전에 마치는 경우가 대부분입니다만, 예전에는 철야기도회 때 밤을 꼬박 새워 기도하다가 이어지는 다음날 새벽예배에 참석하고 돌아오기도 했습니다. 그렇게 작정한 철야기도를 하는 도중에 번뜩 기억나는 일이 있었습니다. 바로 두 달 전 남편이 나를 폭행해서 목이 안 들릴 때, 마음속으로 손목이나 꺾어지라고 외치며 기도했던 기억이 떠오른 것입니다.

"아.. 하나님께서 나의 기도에 이렇게 보응하셨구나!"

놀랍기도 했지만 한편으로는 크게 두려운 마음이 들었습니다. 정말로 남편의 손이 굽은 것이 하나님의 보응하심의 결과라면, 그 원인은 나의 불평과 저주의 기도 때문일 테니까요. '탄식의 기도'가 터져 나왔습니다.

순종이 제사보다 낫고

"전능하신 하나님. 언제나 나를 살피시고 내 기도에 응답하시는 하나님. 그 성실하심에 감사하고 그 신실하심에 찬양을 드립니다. 하지만, 나의 불평과 나의 저주에도 그렇게 응답하시니 참으로 두렵고 서럽습니다. 하나님, 제 남편의 굽은 손을 펴 주세요. 남편이 굽은 손이 펴지고, 남편의 굽은 마음이 펴지고, 남편의 굽은 삶이 펴지게 해 주세요."

하나님께 나의 저주를 돌이켜 달라고 눈물로 회개하면서 새벽예배 드리고 집에 와서, 다시 남편의 굽은 손을 붙들고 간절히 기도하였습니다. 그로부터 일주일쯤 지났지만 손목에는 아무런 변화가 일어나지 않았습니다. '안되겠다. 일주일 더 철야를 해야지'라며 마음을 다잡고 일주일 더 철야기도를 했습니다. 그런 정성을 하나님께서 외면하지 않으셨습니다.

그 주 토요일 새벽예배를 마치고 집에 오는데, 집에 가서 기도하면 손목이 꼭 펴질 것 같은 기분이 들면서 마음도 기쁨으로 가득해지더군요. 집에 오자마자 자는 남편의 굽은 손을 붙잡고 간절히 기도하고 나서 "여보 손목이 꼭 펴질 것 같으니까, 믿읍시다."하고 "손목을 들어보세요!" 하니까, "들리긴 뭐가 들려!" 하며 시도할 생각도 안하기에 내가 팔을 붙잡고 일으켜 세우며

"한번 믿읍시다." 하고 들어보세요 하니까 마지못해 "믿습니다." 하고 손목을 펴려고 힘을 주었습니다. 그 순간 굽은 손목이 활짝 펼쳐졌습니다. '할렐루야!'

남편은 굽었던 손이 펴지자 다시 접힐까 두려웠는지 다른 손으로 손목을 잡으며 이리저리 움직이며 울었습니다.

"하나님 감사합니다. 감사합니다."

남편도 나도 함께 울며 감사의 기도를 드렸습니다. 남편은 굽은 손이 펴진 것이 자신의 잘못을 회개하고 하나님을 믿은 결과라고 생각했겠지만, 나는 내가 쏟아놓은 저주를 없애 주시고 회복하게 해달라고 회개한 기도 때문이라고 생각했습니다. 물론, 두 가지 이유 모두 틀리지 않았을 겁니다. 하나님께서는 우리의 기도들을 허공에 채우시지 않고, 우리의 기도에 응답하셔서 '탄식을 찬양으로' 바꾸셨습니다.

하나님께서는 우리의 기도를 들으십니다. 언제, 어디서, 어떤 기도를 드리더라도 하나님께서는 그 기도를 외면하지 않으십니다. 때문에 하나님께 기도할 때는 신령과 진정으로, 하나님께서 기뻐하시는 말과 생각으로 기도해야 합니다. 저주와 분노의 언어를 버리고 사랑과 용서의 말로 고백해야 합니다. 물론, 매순간

순종이 제사보다 낫고

그렇게 하는 것은 결코 쉽지 않은 일입니다. 그래서 우리는 종종 실수하고 후회합니다. 하지만, 후회에서 그쳐서는 안 됩니다. 회개해야 할 일이 생겼다면 꼭 회개해야 합니다. 그러면 우리 하나님은 그 마음을 위로해 주십니다. 하나님은 죄인의 악한 행동과 저주의 언어를 미워하시지만, 그 죄인이 회개하면 곧바로 모든 죄를 사하시고 자녀 삼아 주십니다. 망가진 마음과 생각을 되살리시고 선한 마음과 사랑으로 채워 주십니다. 참으로 하나님 감사합니다. 영광을 하나님께 돌립니다.

Obedience **10**

폐결핵을 고쳐주심

내 영혼아 여호와를 송축하라 내 속에 있는 것들아 다 그의 거룩한 이름을 송축하라 내 영혼아 여호와를 송축하며 그의 모든 은택을 잊지 말지어다 그가 네 모든 죄악을 사하시며 네 모든 병을 고치시며 네 생명을 파멸에서 속량하시고 인자와 긍휼로 관을 씌우시며 좋은 것으로 네 소원을 만족하게 하사 네 청춘을 독수리 같이 새롭게 하시는도다 _ (시편 103편 1~5절)

남편이 방황을 거듭하며 가정과 사업에 소홀할 때, 나는 마치 과부처럼 홀로 가정과 사업을 다 책임져야 했습니다. 간간이 날 아들어 모든 것을 앗아가는 빚보증도 참 두려웠지만, 매월 직원들의 급여와 원자재 대금을 지급할 때는 숨이 막혔습니다. 더구나 막 성장기에 접어든 5남매는 먹는 것, 입는 것, 배우는 것 등 무엇을 하던 '돈'이었습니다. 때문에 2녀 3남을 부족함 없이 키

순종이 제사보다 낫고

우고 싶은 엄마의 마음은 매일 매순간 '간절함'을 넘어 '절박함'에 이르기가 부지기수였습니다. 내가 믿을 거라곤 그저 수놓을 그림만이라도 그려놓는 남편의 관심과 나머지 모든 것을 해내야 하는 나의 절박한 노력뿐이었습니다. 하루 3~4시간도 채 잠을 이루지 못하면서, 새벽부터 아이들을 깨워 아침밥을 먹여 학교에 보냈고, 낮에는 공장에서 일하고, 늦게 퇴근해서는 다시 빨래며 청소 등을 하며 가사노동에 시달렸습니다. 그렇게 수고하며 2년 여 시간을 보내는데, 어느 날 주방에서 일하는 중에 갑자기 가슴이 뜨끔하더니 입 안에 무언가 비릿하고 뜨뜻한 것이 고이는 것을 느꼈습니다. '흠칫' 놀라서 뱉어보니, 시뻘건 피가 두 순갈쯤 쏟아져 나왔습니다. 입으로 피를 쏟는 것은 아주 심각한 병에 걸린 것이라 믿던 시절이어서 순간 나는 두려움에 사로잡히고 말았습니다. 소스라치게 놀라서 말문이 막혔고, 심장은 요동치며 몸이 떨렸습니다. 하던 일도 마무리 못하고 멈춰 서서 한참을 심호흡하고서야 간신히 정신을 추스를 수 있었습니다. 병원에 가야지 마음먹었는데 도저히 혼자서는 병원에 갈 수 없을 것만 같았습니다. 마침 남편은 낚시 가서 집에 없었고 아이들은 학교에 가서 도움을 청할 수 있는 사람도 없었습니다. 어쩔 수없이 공장에서 일하는 기술자 직원들을 찾아서 그중 하나에게 병원에 가야하는데 돈도 없고 힘도 없다며 상황을 설명했습니다.

그 직원은 바로 우리 교회 목사님의 수양딸을 불러 연결해 주었습니다. 마침 목사님의 수양딸 OO양이 우리 집에 와서 기술을 배우고 있었고, 그녀가 사모님에게 전화해서 50원을 융통하여 간신히 병원에 갈 수 있었습니다.

병원에서 엑스레이도 찍고 피검사도 하는 등 검사를 받은 끝에 '결핵' 판정을 받았습니다. 지금이야 결핵은 그리 무서운 병도 아니고 치료하는 것도 비교적 간단한 쉬운 질병이지만, 당시만 해도 결핵은 가장 무서운 병 중 하나였습니다. 심지어 전염병이기도 해서 함께 생활하는 어린 자녀들이 걱정되었습니다. 의사 선생님이 "요양원에 가셔서 푹 쉬면서 하루에 소고기 반근, 계란 두 알, 그리고 각종 채소들을 골고루 잘 먹으세요"라고 처방하셨지만, 내 처지는 편히 쉬면서 음식을 가려 좋은 것만 먹을 수 없는 형편이었습니다. 아니 오히려 남편이 저지른 빚보증 때문에 밤낮으로 돈을 갚기 위해 뛰어다녀야 했고, 가정에서나 회사에서 두세 사람의 몫으로 일해야만 했습니다.

남편이 사업에 소홀해 지기 전에는 우리 두 사람이 분업하여 일해도 충분했습니다. 이불이나 한복 혹은 일반 의상에 수를 놓는 공장을 운영하면서 남편은 주로 그림을 그려서 컴퓨터 기계가 자동으로 생산할 수 있도록 샘플을 제작하는 일을 맡았습니다. 뿐만 아니라 인력 관리나 거래처 관리 등도 도맡아 해 주었

순종이 제사보다 낫고

습니다. 그런데 남편이 술과 낚시에 빠져서 친구들과 놀러 다니면서 그 모든 일들이 다 내 일이 되었습니다. 남편은 샘플 제작용 그림만 그리는 것으로 자신의 모든 책임을 다한 듯 손을 놓았고, 나는 거래처를 찾아 주문을 받는 일, 직원들을 관리하는 일, 주문 받은 대로 생산품을 만드는 일, 기계로 수놓은 생산품들의 마지막 품질관리 작업 및 유통까지 모두 도맡아 일했습니다. 심지어 수금을 다니기까지 했습니다. 해야만 한다는 사명감으로 버텼지만 도저히 혼자서 감당할 수 없어서 두 명의 조수를 두어 업무를 보조하게도 했지만, 그것으로도 충분하지 않았습니다.

그런데 만약 내가 폐결핵을 치료하려고 자리를 비우게 되면, 그 즉시 모든 일이 중단될 수밖에 없었습니다. 상황이 이렇고 보니 나는 요양원은커녕 병원 갈 시간을 확보하는 것조차 쉬운 일이 아니었습니다. 다행히 주문량이 줄지 않아서 늘 일이 바빴지만, 번 돈을 죄다 남편의 빚 갚는 데 활용해야 했기에 늘 쪼들리는 형편이었습니다. 가정에서 직장에서 잠시도 쉬지 않고 일했지만, 정작 내 몸을 위해서는 병원도 찾아가지 못했던 것입니다. 그저 "죽는 것도 하나님 뜻 사는 것도 하나님 뜻인데, 하나님께 맡기고 기도하면서 틈나는 대로 병원 다니며 치료 받아야지"하는 생각만 했습니다. 미련하게도 잘 먹지도 또 쉬지도 못하면서,

태산같이 밀린 일을 해내느라 새벽 두세 시까지 잔업을 하고, 계약한 상점들이 다음날 팔 수 있도록 이른 아침에 직접 가져다주느라고 함께 일하는 조수와 무거운 보따리를 이고 들고 배달에 나선 날도 부지기수입니다. 이집 저집을 다니다보면 지치고 힘든 것은 둘째고, 자주 목 안이 뜨끈뜨끈 하면서 피가 입에 한가득 고여서, 남이 볼까봐 얼른 손으로 입을 막고 쓰레기통을 찾아 시뻘건 피를 서너 수저쯤 뱉곤 했습니다. 그래도 그 순간 결코 놓치지 않고 붙잡은 하나는 바로 그리스도이신 예수님의 이름뿐이었습니다.

한번은 폐결핵을 치료하기 위해 스트렙토마이신(SM, 주사약)을 맞았는데, 약물 부작용으로 온몸에 붉은 점이 돋아나고 가려워서 아무것도 할 수 없었습니다. 의사 선생님은 "주사약이 내 몸에 안 맞아 그렇다"면서 다시 먹는 약을 처방해 주었습니다. 그러면서 "약만 먹으면 안 되는데....."라며 걱정하더군요. 의사의 말을 들으니 마음 한구석에는 걱정이 쌓였고, '혹 이러다가 내가 죽는 건가?' 싶은 생각이 들 때마다 그 절망감과 우울감을 극복하기 위해 간절히 기도했습니다.

**"주님 믿습니다. 믿는 자에게 능치 못함이 없다고 하셨는
데 내 병도 고쳐주실 것을 확실히 믿습니다."**

순종이 제사보다 낫고

약을 먹고도 쉽게 낫지 않는 폐결핵으로 인해 하루하루가 고통이었습니다. 가족들이 염려할까봐, 어린 아이들이 두려움에 떨까봐 들키지 않으려고 안간힘을 쓰다 보니 더욱 심신이 고단하고 어려웠습니다. 아주 조금만이라도 쉬고 싶었습니다. 아주 잠깐만이라도 몸을 회복하면, 다시 몇 개월쯤은 버틸 수 있을 것만 같았습니다. 그럴수록 아무것도 모른 채, 아니 알려고도 하지 않고 밖으로 나도는 남편이 미웠습니다. 처방받은 약을 계속 복용했지만, 피를 토하는 횟수도 또 양도 늘어가기만 하면서 '정말 끝이 다가오는가 보다.'싶어 슬픔에 빠져 있었습니다.

약을 복용하기 시작한 지 6개월쯤 되었을 때, 하루는 아이들을 등교시키고 집에서 피를 한 사발 토해놓은 뒤 정신을 잃을 듯하여 마루에 앉았는데, 갑자기 귀에 찬양이 들렸습니다.

> "나 같은 죄인 살리신 주 은혜 놀라와 잃었던 생명 찾았고 광명을 얻었네 / 큰 죄악에서 건지신 주 은혜 고마워 나 처음 믿은 그 시간 귀하고 귀하다 / 이제껏 내가 산 것도 주님의 은혜라 또 나를 장차 본향에 인도해 주시리 / 거기서 우리 영원히 주님의 은혜로 해처럼 밝게 살면서 주 찬양 하리라" _ 찬송가 405장

누가 부르는지 아니면 누가 피아노를 연주한 것인지 분명하지 않았지만, 정신이 없는 순간에도 그 찬양이 또렷이 들렸습니다.

'그래. 내 생명을 이미 몇 번 살리신 주님이신데. 나를 이대로 내버려 두실까? 그리고 혹 나를 데려가신다고 해도 내 아이들을 보살펴 주실 텐데 무엇이 걱정인가?'

귀에 울리는 찬양을 따라 부르며 나는 평안을 되찾았습니다. 그리고 하나님을 불신하며 죽음을 두려워했던 것을 회개하고 날 위로하시는 하나님께 감사의 기도를 드렸습니다.

다음 날, 다시 처방을 받으러 병원으로 갔는데, 의사 선생님께서 나를 보자마자 고개를 갸우뚱 하더니, "환자분, 얼굴색이 다르시네요. 엑스레이 촬영하고 내시경도 보고 가세요"라고 했습니다.

"환자분. 검사했더니 결핵 세포가 하나도 남아있지 않습니다. 기적이에요. 이렇게 깔끔하게 나은 경우는 참 보기 드물거든요. 완치를 축하합니다."

순종이 제사보다 낫고

다시 이틀이 지나고, 검사결과를 확인하러 병원에 갔더니 의사선생님이 내게 해준 말입니다. 꿈인지 생신지 어안이 벙벙해 있는 내게 의사 선생님은 "보기 드문 사례여서, 계속 추적 관찰할 필요가 있으니 6개월 정도 약을 더 먹어봅시다."라고 진단해 주었지만, 나는 그것이 쓸 데 없는 조치라는 것을 직감할 수 있었습니다. 하지만, 모든 치료과정이 하나님의 섭리 가운데 있다고 믿었기에 받은 약을 먹으며 감사한 마음으로 다시 6개월을 보냈습니다. 예상대로 그 기간 단 한 번도 가슴에 통증을 느끼거나 피를 토하지 않았고, 검사 결과 역시 앓던 자국만 있을 뿐, 병원균의 흔적은 하나도 없이 깨끗하게 나왔습니다. 의사 선생님은 "더는 약도 먹을 필요가 없습니다. 완치입니다."라고 최종 진단해 주었습니다. 할렐루야!

지난 1년간, 매주는 고사하고 1년을 다 따져보아도 소고기 1근, 계란 1줄 먹은 것이 전부일 만큼 나는 내 몸을 챙기지 못했습니다. 피곤해도 쉬지 못했고, 맞았던 주사약도 부작용만 일으켰습니다. 하지만, 하나님께서 들려주신 회복의 찬양을 나도 드리며, 하나님께서 내 병을 고쳐주실 것을 확신하고 기도했더니 어느새 피가 멈추고 병이 나았습니다. 그 때가 39세였는데, 어느덧 내 나이가 80이 되었습니다. 그리고 그동안 나는 폐에 대한 어떤 이상도 없이 건강하게 살아 왔습니다.

내 힘으로 아무것도 할 수 없어서 포기할 때라도 주님께 다 맡기고 내려놓기만 하면, 하나님은 빙그레 웃으시면서 고쳐 주시고 해결할 것은 해결해 주십니다. 다시 말해 어떤 질병과 그로 인한 고통이 우리를 어렵게 해도 늘 기도하는 마음으로 주님과 함께하면 우리는 그 고통을 감당할 수 있습니다. 또한 우리 주님께서는 능히 그 고통을 해결하시고, 질병을 낫게 하십니다. 오직 하나님께서만 그렇게 역사하실 수 있습니다.

할렐루야! 하나님. 하나님을 찬양합니다. 나에게 새로운 삶을 허락해 주신 하나님. 너무너무 감사합니다.

주님께서 나를 아시기에

나 주님을 몰랐더면, 어찌 내가 살아 있으리요.

나 주님을 몰랐더면, 어찌 내 정신이 온전하리요.

나 주님을 몰랐더면, 어찌 내 육체가 성하리요.

나 주님을 몰랐더면, 어찌 내게 인내가 있으리요.

나 주님을 몰랐더면, 어찌 내게 관용이 있었으리요.

나 주님을 몰랐더면, 어찌 내가 원수를 사랑할 수 있으리요.

나 주님을 몰랐더면, 내 삶에 용서가 있었으리요.

나의 삶속에 주님이 함께하시지 아니하셨더면,

어찌 내가 살 수 있었으리요.

이 모두가 주님의 십자가 사랑인 것을 고백합니다.

이 모두가 주님이 함께하신 은혜인 것을 고백합니다.

감사하며 영광을 주님께 돌립니다.

할렐루야 아멘

1988년에

눈보라치는 어느 날 창가에서

눈보라가 소용돌이치듯 휘몰아 쳐 오네요.
외로운 나의 마음에 고독과 서글픔이
꽁꽁 얼어붙어 녹을 줄 모르네요.
불어라 불어라 불어라 세찬 눈, 비, 바람아
얼고 얼어붙은 나의 마음
아픔에 못 견디어 지쳐서 쓰러질 때까지,
네 마음대로 세차게 불어보려무나.
언제인가는 세월이 가면
나의 마음에도 포근한 봄날이 오겠지
기다리는 순간은 더욱 아프겠지만
끊임없이 기다리는 마음은 영원하리라
영원한 나의 삶속에 주님이 함께 계시기에
오! 주님. 감사합니다.
주님의 도우심과 동행하심을......

1995년에

순종이 제사보다 낫고

Obedience 11

죽게 된 남동생을
수술 없이 살리심

"예수께서 함께 가실 새 이에 그 집이 멀지 아니하여 백부장
이 벗들을 보내어 이르되 주여 수고하시지 마옵소서 내 집
에 들어오심을 나는 감당하지 못하겠나이다 그러므로 내
가 주께 나아가기도 감당하지 못할 줄을 알았나이다 말씀
만 하사 내 하인을 낫게 하소서 나도 남의 수하에 든 사람이
요 내 아래에도 병사가 있으니 이더러 가라 하면 가고 저더
러 오라 하면 오고 내 종더러 이것을 하라 하면 하나이다 예
수께서 들으시고 그를 놀랍게 여겨 돌이키사 따르는 무리
에게 이르시되 내가 너희에게 이르노니 이스라엘 중에서도
이만한 믿음은 만나보지 못하였노라 하시더라 보내었던 사
람들이 집으로 돌아가 보매 종이 이미 나아 있었더라" _ (누
가복음 7장 6~10절)

내 친정집은 경기도 용인의 외딴 산골에 있었습니다. 부모님
은 3녀 1남으로 네 명의 자녀를 낳으셨는데, 딸만 셋을 낳다가

늦게 태어난 외아들을 끔찍이도 아끼셨습니다. 마치 성경에 나오는 요셉을 애지중지하던 야곱처럼 불면 날아갈 듯 쥐면 꺼질 듯 온 신경을 아들한테만 집중하셨습니다. 그래서 없는 살림에도 남동생은 늘 운동화를 신었고, 새옷을 입었으며, 혹여 제사라도 지내서 닭고기 같은 고기가 생기면 일단 동생이 배부르게 먹고서야 부모님이 드셨습니다. 그러니 우리 세 자매는 고기 냄새를 맡는 것으로 끝나는 경우가 대부분이었지요. 남동생이 워낙 예쁘고 귀해서 큰 불만을 갖지는 않았지만, 간혹 부모님께서 너무 감싸고 돌 때는 나도 모르게 얄미워서 살짝 아무도 없을 때 머리를 쥐어박기도 했습니다. 하지만, 형제들 앞에서 철없이 자랑해댔던 요셉과 달리, 내 남동생은 누나들에게 공손했고 늘 밝게 웃을 줄 알았습니다. 또 누나들의 잔심부름도 마다하지 않아서, 부모님으로부터 차별받는 누나들에게까지 사랑받는 동생이었습니다.

아무튼, 남동생을 교육하기 위해서 언니들과 나는 중학교 진학도 포기하고 일하기 위해 직장을 구해야 했습니다. 나는 간신히 초등학교를 졸업하고는 어린 나이에 외삼촌이 사는 서울로 올라왔습니다. 당시 외삼촌은 대한민국 최초로 일본으로부터 미싱자수기계를 들여왔고, 이불이나 옷 등 면직물에 수놓는 사업을 시작해서 큰 부를 쌓고 있다고 했습니다. 어린 생각에 '외삼

순종이 제사보다 낫고

촌 곁으로 가서 일을 배우다보면 공부를 더 할 수 있는 기회도 생기겠거니' 싶어 자청하여 온 것인데, 섣부른 예상과 달리 내가 할 수 있는 것은 고작 조수로 일하면서 부족한 기술을 배우는 것뿐이었습니다. 하루 종일 공장에서 일하고 나면 너무 힘들어서 공부하는 것은 엄두가 나지 않았습니다. 그래도 일하는 것이나 기술을 배우는 것이 싫지 않아서 열심히 따라 배우다보니 제법 흥미도 가지게 되었고, 또 "야무지다"며 작업반장님께 칭찬도 듣다보니, 공부하겠다는 마음을 접고 최고의 기술자가 되어야겠다고 마음먹게 되었습니다.

열심히 일하면서 스스로 돈을 조금 벌 수 있게 되자, 나는 작은 전세방을 하나 얻어 독립했고, 곧 시골집에서 남동생을 데려다 공부시키면서 같이 생활하기 시작했습니다. 그렇게 남동생의 '유학생활'이 시작되었고, 나는 이후 18년간 그 뒷바라지를 하다가 결혼시켜서 독립시켰습니다. 그만큼 남동생은 내게 있어 동생이자 아들이고, 또 내 잃어버린 꿈을 대신 이루는 희망이기도 했습니다.

동생은 예쁜 올케를 만나 행복한 가정을 이루었고, 좋은 직장에서 일하며 남부럽지 않게 살았습니다. 아들도 하나 낳아 키우며 행복한 나날을 보냈습니다. 그런데 어느 날 올케가 급한 목소리로 내게 전화해서는 남동생이 많이 아프다고 전해 주었습니다. 크게 놀라서 바로 동생네 집으로 가서 살펴보니, 동생이 배를 움켜쥐고는 비명을 지르고 있었습니다. 고통으로 신음하는 동생을 데리고 평소 우리 가족이 다니던 개인 병원으로 데리고 갔습니다. 진단결과 '급성맹장염'이어서 바로 입원하고 수술을 받기로 했습니다. 다행히 맹장이 터져서 내부가 오염되는 사태는 면했기에 며칠 지나면 퇴원이 가능하리라 믿었습니다. 수술은 잘 진행되었고 마취가 깬 뒤 동생이 작은 통증을 호소했지만, 그저 수술 후 생길 수 있는 작은 통증이라고 생각했습니다. 그런데 아무리 늦어도 일주일 내에 퇴원하리라 생각했던 바와 달리 병원에서는 퇴원을 시키지 않았습니다. 아니, 퇴원시킬 수 없었다는 편이 맞을 겁니다.

동생은 수술 후에도 점점 심해지는 복통으로 아무것도 먹지 못하고 점점 더 쇠약해지기만 했습니다. 동시에 소대변도 보지 못하고 구슬 같은 땀만 뻘뻘 흘리며 고통스러워했습니다. 얼굴과 온몸이 말라 수척해지더니, 15일이 지나면서부터는 고통이 심해져서 아프다고 소리소리 지르며 병실을 설설 기어 다녔습니다. 병원에서도 딱히 이상을 발견하지 못해서 그저 모르핀과 같은 마약성 진통제만 놔주었고, 견디다 못한 우리 가족은 더 큰 병원으로 전원을 요청하기에 이르렀습니다.

수술하고 16일째 날에 담당 의사 선생님의 승인 하에 앰뷸런

순종이 제사보다 낫고

스를 불러서 한강종합병원으로 전원했습니다. 오후 5시에 도착했는데, 몇몇 의사 선생님들이 동생을 진찰한 후에 찾아 와서는 아주 심각한 표정으로, "환자분이 너무 많이 지쳐서 도저히 수술을 진행할 수 없습니다. 이대로 사망하실 수도 있습니다."라며 고개를 좌우로 흔들었습니다.

'이게 무슨 청천벽력(靑天霹靂)과 같은 소식인가!'

엄마와 나, 그리고 올케까지 셋이서 병원이 떠나가라 울면서 "선생님, 제발 살려주세요."하고 매달렸습니다. 급기야 엄마는 실신하여 쓰러졌고, 나와 올케는 그런 엄마를 붙잡으면서도 담당 의사 선생님이 자리를 떠나는 못하게 몸으로 막으며 매달렸습니다. 당장 의사 선생님들이 떠나면 동생이 죽을 것 같았기 때문입니다. 바닥에 엎드려서 제발 살려달라고 매달려 애원하는 우리들을 보면서, 드디어 의사 선생님은 속마음을 털어놓았습니다.

"가족분들 들어보세요. 정말로 환자분의 상태가 좋지 않아요. 수술을 억지로 하면 정말 수술 도중에 사망하실 수도 있습니다. 그래도 가만히 기다리는 것보다 낫겠다 싶으시

면, 최악을 가정하시고, 수술 도중 환자분이 사망해도 병
원이나 의사에게 아무 책임을 묻지 않겠다는 수술 동의를
해 주셔야 합니다."

분명히 의사 선생님은 '사망의 가능성'을 얘기하고 있고,
'위험하다'고 했지 '불가능'이라고 말하지 않았지만, 우리 세
사람은 이미 아들이, 동생이, 그리고 남편이 죽은 듯 덜덜 떨고
만 있었습니다. 잠시 후 간호사가 의산 선생님이 말했던 내용
이 담긴 '수술동의서'를 가져와 서명하라기에 내가 마지못해
서명하고, 이튿날 오전 10시에 수술을 예약한 뒤 병실로 옮겨
놓았습니다. 동생은 그런 사정을 아는지 모르는지 곧 죽을 사
람처럼 병상 위에서 고통과 씨름하고 있었습니다. 온 몸에서
구슬 같은 땀을 비 오듯 흐르고, 보기 흉할 정도로 바짝 마른
몸이 기운이 없어서 벌벌 떨리는 모습은 차마 마주보기도 안
쓰럽기만 했습니다.
그래도 마냥 병원에서 지켜보기만 할 수는 없었습니다. 정말
로 최악의 순간이 온다면, 그것조차 우리가 감당할 준비를 해
야 했기 때문입니다. 너무 기진하여 당장 쓰러져 죽을 것만 같
은 엄마를 먼저 챙겨야 했기에, 먼저 귀가하시도록 종용했지만
소용이 없었습니다. 결국 장기 입원 시 동생과 올케에게 필요한

순종이 제사보다 낫고

일상 도구도 챙길 겸 셋이 함께 집으로 돌아오기로 결정하고 서둘러 귀가했더니 밤 10시가 다 되었더군요. 엄마는 간호사들이 계속 잘 살펴보겠다고 다짐하고 또 다짐해도 미덥지 못한 듯, 병실을 떠나려고 하지 않으셔서 모시고 나오는 데만 한참이 걸렸습니다.

하루 종일 제대로 밥도 먹지 못해서 배는 고픈데, 너무 충격적인 일을 경험해서인지 엄마도, 올케도, 나도 밥을 먹는 둥 마는 둥 했습니다. 처량하게도 마치 방금 과부가 된 세 사람이 마주앉아 있는 듯, 아무 말도 없이 서로 바라보고만 있다가, 번뜩 '내가 동생을 위해 마지막으로 할 수 있는 일이 무엇인가?' 생각하게 되었습니다.

'그래. 이렇게 울고만 있을 때가 아니구나. 전능하신 하나님 우리 주님이 계신데, 죽은 나사로도 무덤에서 불러내어 살리신 주임이신데. 남편과 나도 몇 번이고 죽음에서 건져주셨는데, 왜 바보같이 왜 울고만 있지? 하나님께 찾아가서 기도하자.'

밤 11시가 한참 넘어서 교회에 도착하니 넓은 성전이 온통 캄캄한데 아무도 없고, 오직 우리 세 사람만 있어서 겁이 나기도

했습니다. 하지만, 우리는 절박했습니다. 남은 것이라고는 불과 몇 시간밖에 없었고, 오직 하나님의 은혜만이 아들을, 동생을, 그리고 남편을 살릴 수 있었습니다. 그때까지도 미신을 더 굳게 믿던 엄마와 나와 살 때는 교회를 나갔지만 시댁에 가서는 절에 다녔던 올케, 그리고 매번 필요할 때만 간절해지는 이기적인 나까지, 우리 세 사람은 그 자리에 앉아서 함께 손을 맞잡고 하나님께 기도하기 시작했습니다.

"하나님. 내 아들을 살려주세요."
"하나님. 내 동생을 살려주세요."
"하나님. 내 남편을 살려주세요."

계속 주문을 외우듯 이 기도만 반복하는데, 새벽 3시쯤 되었을까? 우리 세 사람이 동시에 반응하는 기이한 경험을 하게 되었습니다. 내 마음속에 알 수 없는 기쁨이 넘치면서 영이 반응하는 기도가 나오더니, 예수님이 발꿈치까지 덮는 백옥 같은 흰 옷을 입으시고 동생이 누워 있는 병실을 찾아 침대 위 동생을 바라보시며 한 바퀴 도는 환상이 보였습니다. 순간 잘못 본 것이 아닌가 하여 눈을 뜨는데, 엄마도 올케도 무언가 불타는 듯한 느낌을 받았고 놀라서 눈을 떴다며 두려워했습니다. 아마도 환상

순종이 제사보다 낫고

을 본 사람은 나뿐인 듯했지만, 분명히 성령님께서 임재하셨고, 그래서 엄마와 올케도 불타는 느낌을 받은 것이라고 확신했습니다. 내가 먼저 울며 "아멘. 하나님 감사합니다"라고 외치자, 엄마와 올케는 "무슨 일이 벌어지고 있는 것이냐?"며 다급하게 물었습니다.

> "엄마. 올케. 하나님께서 응답하셨어요. 우리 기도를 들어
> 주셨다고요. 우리 기도는 그만 하고, 병원으로 가요. 동생
> 이 나았을 겁니다."

잠깐 기도한 줄 알았는데, 아침 7시가 되었습니다. 엄마와 올케는 내가 갑자기 밝게 웃으며 다 해결되었다고 하니까 못마땅했는지 핀잔하면서 "만약 네 동생이 다 나았다면 나도 이제부터는 하나님을 믿을 거다."라고 말씀하셨습니다.

아침 식사를 하는데 남편이 도착해서, 남편이 운전하는 차를 타고 병원으로 갔습니다. 병원에 도착할 때가 아침 10시가 조금 넘었기에 '벌써 수술실에 들어갔겠다.' 생각하며 동생의 병실로 들어가는데, 웬걸. 동생이 침대 위에 앉아서 싱글벙글 웃고 있는 것이 아닙니까.

"다들 일찍들 오시네요?"

"아니, 이게 어떻게 된 일이야? 새벽에 수술하고 나온 거야?"

"아니. 간밤에 계속 아파서 간호사에게 진통제라도 놔 달라고 소리소리 쳤었거든. 그러다가 잠깐 잠이 들었는데, 꿈속에서 하얀 구름을 타고 하늘을 둥둥 날아다니는 거야. 몸이 아프기는커녕 새처럼 날아다니면서 마냥 행복하더라고. 그렇게 한참을 있다가 정신을 차려보니 병실이던데. 다만, 그때부터 아프지 않았어."

"그때가 몇 시쯤이야?"

"꿈을 꾼 시간은 잘 모르지만, 간호사가 엉덩이에 주사를 놓고 간 것이 3시 조금 안 되었을 때니깐, 아마도 3시 전후였을 거야. 내가 일어나보니 4시 정도 되었더라고."

잠에서 깬 동생은 이상한 기분에 사로잡혀 화장실에 갔고, 며칠간 나오지 않던 가스가 펑펑 터지더니 소대변이 술술 나왔다고 했습니다. 그렇게 시원하게 배설하고 나니 모든 고통이 사라졌고, 이제는 살 것 같아서 아침식사도 달라고 하여 깨끗하게 다 먹었다고 했습니다. 원래 수술이 예정되었던 터라 저녁부터 금식해야 했지만, 또 가뜩이나 밥을 넘기지 못해 수액으로 버텼

순종이 제사보다 낫고

던 동생이 다 나은 표정으로 밥을 신청해서 간호사들도 놀랐던 모양입니다. 급하게 담당 의사 선생님을 호출하여 진찰을 받았는데, 의사 선생님이 고개를 갸웃하더니 "이상한데? 다 나은 것 같아. 일단 수술은 보류하고 식사를 드려요. 계속 관찰하다가 별 이상이 없으면 퇴원해도 될 정도야."라고 말씀하셨다고 하더군요.

'아. 하나님. 그러면 그렇지요. 감사합니다.'

나는 간밤에 엄마와 올케, 그리고 내가 교회로 기도하러 간 것과 기도 중에 새벽 3시경 겪은 일을 동생에게 말해 주었습니다. 동생은 기이한 일에 놀라서 아무 말도 하지 못했습니다. 하지만 나 혼자 겪은 일이 아니고 엄마와 올케가 증인이 되었으니 동생은 부정하지도 못했습니다. 당연히 엄마와 올케 역시 놀라기는 매한가지였습니다.

"너는 하나님께서 고쳐주신 거야. 너는 이제부터라도 하나님의 자녀로 살아야 해. 어제 밤에 엄마와 올케가 또 내가 너를 위해 어떻게 기도했는지를 잊어서는 안 된다."

"새벽 3시쯤이면, 내가 꿈꾸던 시간과 같네."

그렇게 회복한 동생은 수술을 받지 않고 관찰회복치료만 받다가 3일 만에 퇴원하였습니다. 병원에서조차 모두가 기이하게 여기는 일이 우리 가족에게 벌어진 것입니다. 이 일이 계기가 되어 동생의 가족뿐만 아니라 엄마와 친정 식구들까지 모두 교회에 출석하게 되었습니다. 어떻게 하면 우리 가족들을 하나님께 전도할 수 있을까 기도했던 나에게 하나님께서는 멋지게 응답하셨습니다. 우리 집에서 가장 귀한 보물이었던 동생을 통해, 그를 죽음 직전에서 살리시면서 우리 가족들 모두를 구원에 이르게 하셨습니다. 병원에서는 원인조차 제대로 알 수 없는 상황이었지만, 하나님께서는 아무런 문제가 되지 않았습니다. 하나님은 온전히 생명을 주시는 창조주이시기에, 내 동생을, 동생의 가족들을, 그리고 우리 친정의 모든 가족들을 살리셨습니다.

생명을 주시는 하나님께 감사와 영광의 찬송을 드립니다.

하나님께서
여동생 축농증을 고쳐주셨음

"지금까지는 너희가 내 이름으로 아무 것도 구하지 아니하
였으나 구하라 그리하면 받으리니 너희 기쁨이 충만하리
라"_ (요한복음 16장 24절)

여동생 박옥화 집사는 초등학교 5학년 때부터 축농증(蓄膿
症)[2]이 심해서 어려움을 겪었습니다. 축농증이라는 게 "코 주변
의 얼굴 뼛속에 공기로 차 있는 빈 공간에 염증이 생겨 점막이
붓고 고름 같은 콧물이 고여 있는 상태를 말하는 것"이라는데,
이게 만성축농증으로 발전하면 여간해서는 치료도 어렵고 일상
생활에서 많은 불편을 초래합니다. 평소 코로는 제대로 숨을 쉬
지도 못하는 동생이, 겨울에 감기라도 걸리면 코를 푸느라 코

주변이 온통 헐어서 고통스러워 하는 동생이 안쓰럽기만 했습니다. 그래서 서울에 올라와서 열심히 일한 끝에 내가 독립하고 조금 여유가 생기자마자 나는 옥화 동생을 서울로 불러 올렸습니다.

동생을 데리고 메디컬센터 병원에서 치료받게 했는데, 이미 만성이 된 축농증 치료는 쉽지 않았습니다. 수술을 하면 조금 나아진다고는 하지만, 재발률이 워낙 높아서 쉽게 수술을 결정하지도 못했습니다. 결국 동생은 약을 한 가방 싸들고는 고향으로 돌아갔고, 고향에서도 계속 지역 병원에 다니며 장기 치료를 받아야 했습니다. 그 사이 부모님은 남들이 좋다고 말해 주는 것은 다 해보셨습니다. 이런 저런 민간요법을 찾아 먹는 것, 붙이는 것, 바르는 것을 만들기도 하셨고, 용한 무당을 찾아 부적을 쓰기도 하셨습니다. 하지만 어느 것 하나 신통한 것이 없었습니다.

여동생이 중학교를 졸업한 뒤 바로 서울로 데려와서 기술을 가르쳐 일하게 하는 한편 축농증 치료도 본격적으로 시작했지만, 약 먹고 치료를 해도 잠시 나아지는 듯하다가도 다시 코맹맹이 소리를 하고, 잠잘 때 입을 벌리고 숨을 쉬는 등 보는 사람에게 답답한 마음을 갖게 했습니다.

---

2) 체강(體腔) 안에 고름이 괴는 병. 일반적으로 부비강 점막의 염증을 이름. 두통, 협부긴장 따위를 일으켜 건망증이 되고 때로는 악취가 나고 탁한 분비물이 코에서 나옴.(출처. 네이버 지식백과)

숯불이 제사보다 낫고

그렇게 동생과 함께 지내는 동안 동생이 장성했고, 서울에 올라오자마자 나의 권유대로 교회에 등록하고 신앙생활을 시작한 동생은 교회 청년부에서 건실한 청년을 만나서 결혼했습니다. 제부가 부산에 새로운 직장을 얻어 내려가면서 동생도 자연히 부산으로 내려갔습니다. 그리고 부산에서도 동생네 가정은 신앙생활을 놓지 않고 열심을 다한 끝에 부부가 모두 직분자(집사님)가 되었지요. 하지만, 만성이 된 축농증은 여전히 동생을 괴롭히고 있었습니다. 가끔씩 동생에게 전화해서 소식을 주고받을 때면, 동생은 늘 빼놓지 않고 축농증으로 인한 고민을 얘기했습니다.

어느 날 동생과 대화하는 중에 다시 동생이 고통을 호소하기에, 나도 모르게 답답한 마음에 "옥화야. 네가 이미 알고 있듯이 하나님께서 이 언니를 여러 번 죽음에서 살려주셨잖아. 하나님께 고쳐달라고 기도해 그까짓 축농증은 아무것도 아니야. 하나님께 기도해! 알았지?"하고 권면했습니다.

사실, 동생의 축농증 치료를 두고 하나님께 기도하지 않았던 것은 아니었습니다. 처음 서울에 데려와서 메디컬센터 병원에서 치료받을 때부터 나는 하나님께 기도하였습니다. 하지만, '만성 축농증'은 쉽게 치료할 수 없다는 세간의 평과 또 '죽을 병도 아닌데, 불편을 감수하면서도 얼마든지 살 수 있는데, 하나님께서

이것까지 치료해 주실까?'라는 의심도 들어서 간절히 기도하지
는 않았습니다.

동생과 통화한 그 일이 있고 한참이 지나서, 다시 여동생과
대화하는데 옥화가 내게 놀라운 고백을 해주었습니다.

**"언니. 내 축농증을 하나님이 고쳐주셨어. 나 이제 숨을 쉬
는 데 어려움이 없어요."**

그 오랜 시간 동생을 괴롭히던 축농증이 말끔하게 나았다는
간증을 듣는 순간, 나도 모르게 "할렐루야"라는 감탄이 나왔습
니다. 하지만, 사뭇 그 과정이 궁금했습니다.

"어떻게 된 일이야?"

동생은 전화를 끊을 때만 해도 내 말에 서운했었다고 합니다.
같이 기도한 세월이 얼마인데, 스스로 기도하면서 보채기는 또
얼마인데, 마치 기도 한 번 하지 않은 사람처럼 취급하는 것 같
아서 살짝 화가 나기도 했답니다. 그러다가 저녁에 수요예배를
드리러 교회에 갔는데, 마침 요한복음 16장 24절의 말씀을 가
지고 목사님께서 말씀을 전했고, 그 말씀을 듣는 중에 "구하라,

그리하면 받으리니, 너희 기쁨이 충만하리라"라는 구절이 마음에 깊은 감동을 주었다고 했습니다. '바로 이 순간이다'라는 확신이 들어 눈을 감고 하나님께 자신의 만성축농증을 앓고 있는 코를 온전히 맡기고 고쳐달라고 쉬지 않고 기도했다고 합니다.

그렇게 기도하고 다음 날 아침에 세수하다가 코가 답답해서 코를 '훅'하고 코를 푸는데 밥알을 뭉쳐놓은 듯한 덩어리가 코에서 나와 손에 '한 움큼' 쥐어졌다고 합니다. 그 덩어리는 물에 녹이려 해도 녹지 않았고, 딱딱해서 깨트리려 해도 깨지지 않더랍니다. 그런데 그게 빠져나와서인지 코가' 뻥 뚫려서 입을 다물어도 코로 숨이 잘 쉬어져서 자신도 놀라고 말았다는 겁니다. 동생은 "언니, 언니, 얼마나 시원한지 몰라"라며 감격하여 눈물까지 흘리는 듯했습니다. 그때가 아마 40세 조금 못되었을 때였으니 동생은 30년 만에 코로 숨을 쉬게 되었던 겁니다. 얼마나 감격스럽고 감사했는지 모릅니다.

동생은 자신이 그동안 하나님께서 온전히 치료해주실 것을 의심했었다고 고백했습니다. 자신보다 중한 질병을 앓으며 훨씬 아픈 사람들이 많은데, 그들이 자신보다 기도를 해도 몇 배를 더 간절하게 기도하는데 하나님께서 자신의 기도를 들어주시려면 아무래도 오랜 시간이 필요할 듯해서 기도할 때도 잘 집중하지 못했다고 했습니다. 하지만, 언니의 충고를 듣고는 당혹해 하는 순간, 말씀을 듣고 감동하여 기도한 것이 자신을 오랜 고통에서 해방하게 되었다고 고백했습니다. 나도 같은 마음을 털어 놓았습니다. 동생과 같이 매번 기도했지만, 하나님의 신실하심을 또 완전히 치유하심을 확신하지 못했던 것을 회개했습니다. 우리 자매는 바보처럼, 전화기를 붙들고 서로 축하하며 울었습니다.

동생의 시댁은 대대로 불교를 믿는 집안이었습니다. 그래서 처음에는 동생이 그리스도인인 데다 신앙생활도 열심히 하는 '집사님'인 것이 못마땅하게 여겨졌던 때도 있었습니다. 하지만, 늘 상냥하고 성실하고 남편을 잘 섬기는 동생의 인품은 시댁식구들을 감동시켰고, 곧 시부모님과 다른 형제들까지 구원에 이르게 하였습니다. 그 결과 제부는 안수집사가 되었고, 하나 있는 아들은 신학대학원에 진학하여 공부하면서 전도사로 섬기고 있습니다. 복음을 모르던 사위들도 딸들이 전도하여 구원을 얻었고, 열심히 주의 일을 하면서 온 가족이 주님께서 주시는 큰 축복 안에 잘 살아가고 있습니다.

선하신 주 하나님께서는 믿음으로 주님께 다 내려놓으면 책임져주시고 고쳐주시고 화평케 하십니다. 하나님께 영광을 돌립니다. 아멘. 할렐루야

순종이 제사보다 낫고

"사랑하는 내 딸아 두려워하지 말라.
내가 너와 함께함이라. 놀라지 말라.
나는 네 하나님이 됨이라.
내가 너를 굳세게 하리라.
참으로 너를 도와주리라.
참으로 나의 의로운 오른손으로
너를 붙들리라"

이사야서 41장 10절

"내가 기뻐하는 금식은 흉악의 결박을 풀
어 주며 멍에의 줄을 끌러 주며 압제 당하는
자를 자유하게 하며 모든 멍에를 꺾는 것이
아니겠느냐"_ (이사야 58장 6절)

Obedience

제4부

나의 삶의 열매,
감사!

Obedience *13*

금식하며
기도하게 하시는 하나님

"내가 기뻐하는 금식은 흉악의 결박을 풀어 주며 멍에의 줄을 끌러 주며 압제 당하는 자를 자유하게 하며 모든 멍에를 꺾는 것이 아니겠느냐" _ (이사야 58장 6절)

25세 때 처음 만나서, 아무것도 없이 월세 방 얻어 결혼생활을 시작할 때만 해도, 우리 두 사람은 행복했고 의욕이 넘쳤습니다. 모든 것이 감사했고, 늘 지치지 않고 새로운 일을 찾아 뛰었습니다. 남편과 나, 우리 둘이 익힌 수놓는 기술이 좋아서 금세 자리를 잡을 수 있었고, 사업이 번성해서 남편은 회장 나는 사장으로 서로 주거니 받거니 하며 웃음꽃이 만개했었습니다. 돈을 벌어 27세 때 넓은 땅을 사서 근사한 양옥집도 짓고, 모든 것이

순적하기만 했었던 시절, 그 때가 몹시 그리운 것은 아마도 이후 내게 겪을 시련이 얼마나 큰지 당시에는 조금도, 눈꼽만큼도 짐작하지 못했었기 때문일 겁니다.

남편이 회장으로도 불리고 통장으로 봉사도 하면서 승승장구 하다가 술을 배우면서 길을 잃고 방황하기 시작한 뒤 병을 얻어 눕기까지 13년. 그러니까 1972년부터 1985년까지, 나는 마치 애굽에서 노예생활을 하던 이스라엘 민족처럼, 혹독하고 아픈 시련들을 겪어야 했습니다.

이미 앞선 글에서 남편의 방황을 소개했었고, 하나님께서 회복하게 하시려고 일본에서 무역하는 다나까 상을 만나게 하셨던 것을 고백했습니다. 그렇게 재기하여 이전보다 더욱 큰 복을 얻어 대지 118평에 건평 110평에 달하는, 근사한 정원도 갖춘 3층 양옥집을 다시 얻기도 했습니다. 하지만, 기쁨도 잠시였을 뿐, 또다시 경매장이 날아왔습니다. 채 2년도 못되어서, '혹시나' 하는 마음에 인감도장을 감추어 두기까지 했는데, 남편은 새로 사귄 친구의 빚을 보증했던 겁니다.

남편은 술을 마시다가 "그 친구의 사정이 하도 딱하기도 했고, 믿을 만한 사람이 분명했기 때문에 보증을 섰던 거"라고 해명했지만, 그것이 듣기 좋은 핑계일 뿐이라는 것을 나는 너무 잘 알고 있었습니다. 술에 취하면 자신이 무엇을 말하고 어떤 결정

순종이 제사보다 낫고

을 내리는지 도무지 알지 못하는 남편을 나 속 편하자고 그저 바라보기만 했던 것이 이런 결과를 불러올 줄이야. 그제야 자책한다고 바뀔 것은 아무것도 없었습니다.

　서둘러 은행에 가서 대출을 받고 사채도 일부 얻어서 일단 집이 경매되는 것을 막았습니다. 하지만, 그때 매월 이자가 육칠십만 원씩 나가더군요. 지금은 육칠십만 원이 아무것도 아니지만 당시의 물가를 지금으로 환산해보면 못해도 천만 원 정도가 될 겁니다. 집을 팔아서 빚을 갚으려고 해도 워낙 규모가 커서 매매가 쉽지 않았습니다. 심지어 당시 부동산 경기가 침체기였던 터라 더욱 구매자를 만날 수 없었습니다. 설상가상 남편에게 '간경화'가 발병하고 그로 인해 복수가 차올라서 병원에 다니며 치료를 받아야 했습니다. 직분을 받은 사람이 직분자로서의 사명에는 관심도 없고 거의 매일 술을 마시며 자기 몸을 혹사했으니, 그 향락이 몸을 망가뜨린 것이라며 회개했지만, 이미 때늦은 후회일 뿐이었습니다.

　매월 갚아야 할 이자와 병원비만 해도 상당한데, 5남매 중 딸들이 모두 대학생이고, 다른 남자 아이들이 중고등학교를 다니다 보니 아이들의 교육비도 큰 부담이 되었습니다. 사업은 전보다 잘 안되는데 남편은 병까지 앓고 있어서 도무지 일하려고 들지 않았습니다. 조르고 졸라야 간신히 수놓을 그림 한 장 그려

놓는 게 고작이었고, 그러면서도 딱히 병을 치료하기 위해 정성을 쏟지도 않았습니다. 그저 몸이 아플 때만 잠시 자책할 뿐, 조금만 괜찮아지면 다시 술과 낚시로 세월을 허송하였습니다. 어떻게든 살아보기 위해 밤낮으로 이를 악물고 뛰었지만, 그럴수록 나의 영과 육이 지치고 더는 소망이 없어 보일 때가 많았습니다.

'죽을까? 도망이라도 해야 할까?'

사람이 궁지에 몰리다 못해 외딴 섬에 홀로 갇혀 할 수 있는 것이 전혀 없는 듯 느낄 때, 그때 할 수 있는 것이라곤 '허무한 죽음'뿐이라는 생각이 나를 괴롭혔습니다. 그런데 바로 그 순간, 하나님의 음성이 들려왔습니다.

"사랑하는 딸아. 내가 너와 함께 하느니라. 공중 나는 새도 먹이거늘 너희들일까보냐?"

"예. 하나님, 하나님이 나와 늘 같이 하시는데 내가 주님께서 지난날 수많은 고통과 위험에서 나를 살리시고 어려운 역경 가운데서 일어나게 하신 것을 잊고 있었습니다. 주님 부족한 이 딸

순종이 제사보다 낫고

을 용서해 주세요. 잘못 생각했던 것을 용서하시고 주님 또 용기와 힘을 주세요. 주님 도와주실 줄 믿습니다. 주님만을 의지하오니 책임져 주세요."

하나님의 음성을 듣고 새로 힘을 얻은 나는 아침 한 끼를 금식하면서 다시 삶을 살아갈 용기를 되찾았습니다. 매일 있는 힘을 다해도, 몸이 열 개라도 모자랄 정도로 밤새워 일해야 했지만, 이전처럼 절망하기는커녕 기쁨이 넘쳤습니다. 하루 일과를 마치면 몸이 파김치처럼 지치는 것은 같았지만, 밤 11시면 성전에 올라가서 "주님, 제가 또 왔습니다. 주님 아시지요?"하며 눈물 흘리며 기도했습니다. 그렇게 한참을 울며 기도하고 나면 마음에 기쁨과 평안이 충만해 졌습니다. 그렇게 나는 살기위해 매일 밤 기도했습니다. 새 힘을 얻기 위해, 새로운 복을 누리기 위해 기도했습니다. 그렇게 기도하는 가운데 빚이 조금씩 해결되었고, 남편도 몸을 회복하였고, 아이들의 교육비도 능히 감당할 수 있게 되었습니다.

**'아, 이제는 주님께서 내게 평안을 주시는구나. 감사합니다.
주님.'**

문제가 해결되고 평안이 찾아오는 듯 안정적인 삶이 얼마간 지속되면서 나도 모르게 나태해지고 말았습니다. 어느 날 깨닫고 보니 그렇게 매일 간절하게 드리던 저녁기도를 하고 있지 않았습니다. 금식기도는 아예 남의 얘기가 되고 말았습니다.

한 2~3년간 안정적인 삶을 사는 중, 어느 날 아침에 홀로 밥을 물에 말아 한 수저 떠서 입에 넣으려 하는데, 밥알이 구더기로 변하더니 수저에서 바글바글 대는 것이 아닙니까! 소스라치게 놀라 수저를 던지고는 그릇을 봤더니, 밥그릇 속에서도 더 많은 구더기들이 꿈틀대고 있었습니다. 너무 징그럽고 무서워서 꼼짝을 못하고 그저 눈을 감고 "주여" 하면서 한참 있다가 눈을 떠보니 구더기는 온데간데없고, 물에 만 밥만 있었습니다.

'이게 무슨 조화일까? 하나님께서 내가 기도하지 않아서 화가 나셨나보다. 내가 나 먹고 살 만해지고 기도하지 않으니까 기도하라고 하시는가 보다'

깨달음이 있자마자 나는 바로 무릎 꿇고 기도하기 시작했습니다. 부족하고 이기적이고 죄 많은 이 딸이 무엇인데 이런 환상도 보여 주시면서 사랑하시는지, 너무 너무 감사하여 감사기도를 드렸습니다. 그리고 앞으로는 매일 아침 금식하며 기도하겠다고 서원(誓願)하였습니다. 그렇게 시작한 아침 금식기도는 이

순종이 제사보다 낫고

제껏 수십 년을 이어 왔고, 이후로 나는 고난의 시간을 완전히 잊게 되었습니다.

하나님께서는 택하신 자녀들을 늘 눈동자와 같이 지키시고 보호하십니다. 어려움 가운데 죄 가운데 내버려 두지 않으시고, 늘 선한 길로 인도하시며 넉넉하게 채워 주십니다. 하지만, 우리는 종종 하나님을 잊고 삽니다. 필요할 때는 간절히 기도하지만, 조금이라도 문제가 없이 평안함을 누리면, 곧 하나님을 잊고 자신이 모든 것을 이룬 듯 교만하여져서 멋대로 삽니다. 하지만, 그것은 패망으로 가는 지름길일 뿐입니다.

완전한 사랑이시고 늘 성실하신 우리 주님 앞에 모든 것을 다 맡기고 내려놓으십시오. 그러면 우리 주 하나님께서는 반드시 책임져주십니다. 아멘. 주님께 영광을 돌립니다. 할렐루야 아멘

주님과 동행 하는 삶은 행복해요

주님 가신 고난의 길
나도 같이 가고 있어 행복해요
소용돌이치는 폭풍 속에서도
주님 같이 계시니
나는 행복해요
모진 고통 우롱 조롱 핍박 속에서도
주님 십자가의 사랑 느낄 수 있어
나는 행복해요
햇볕 쨍쨍 내리쬐는 광야의 길도
주님과 통행하니
나는 행복해요
가시밭길 우거진 비난 속에서도
주님과 함께하는 오늘의 삶
나는 더없이 행복합니다.

2009년에

순종이 제사보다 낫고

내 몸에서 쏟아진 새까만 깨알

"사람이 무엇이기에 주께서 그를 생각하시며 인자가 무엇이기에 주께서 그를 돌보시나이까 그를 하나님보다 조금 못하게 하시고 영화와 존귀로 관을 씌우셨나이다" _ (시편 8편 4~5절)

평생 크게 아프지 않고 잘 지내왔는데, 2006년도서부터 내 몸 여기저기서 이상한 소리가 들리기 시작했습니다. 심장, 옆구리, 배 등 곳곳에서 이상야릇한 "꾸루룩 꾹꾹 낑낑"과 같은 소리가 들렸습니다. 처음에는 '몸에 가스가 차서 그렇겠지'하고 별 걱정을 하지 않았는데, 시간이 지날수록 그 소리는 더 자주 분명하게 들렸고, 처음보다 훨씬 희한한 소리가 나는 지경에 이르자 더는 모른 척 두고 볼 수 없었습니다. 배탈이 난 것도 아니고 가스도 잘 배출되고 대소변도 정상적으로 보는데, 도대체 뭐가 탈이 난 것인지 도무지 알 수 없었습니다.

나는 본래 성격이 까다로운 편이라 평소 먹는 것을 잘 가려먹는 편이어서 어떤 음식을 잘못 섭취한 것도 아닙니다. 그렇고 보니 내 자신도 모르게 "무슨 벌레가 내 몸에 들어가서 우연히 살아남아 새끼를 치나?"하는 생각까지 하게 되었습니다. 걱정하는 마음이 사라지기는커녕 점점 커져서 병원에 가서 검사를 해볼까 싶다가도 "왜 내가 걱정하지? 하나님이 계시는데, 만병을 고치시는 능력의 의사이신 주님께서 항상 지켜 주시는데 무엇이 문제인가? 이미 죽음에서 여러 번 고쳐 주셨는데 말이야. 그리고 날마다 성경말씀을 먹는데 무엇이 두려울까?"라는 생각이 들더군요. "주 하나님을 의지하며 살다가 하나님께서 부르시면 가야지."라고 마음먹으니 세상 편한 신세가 되었습니다.

이미 70년을 파란만장하게 살아왔던 탓도 있겠지만, 나는 진심으로 삶에 미련을 가지고 악착같이 살면서 하나님 영광을 가리는 것보다 짧게 살더라도 복된 삶을 살다가 내 주님의 부름을 받아 예수님 계신 천국으로 가고 싶었습니다. 다른 사람들은 결코 알 수 없는 삶의 시련, 고통, 슬픔 등 내게 닥친 그 많은 순간들, 그리고 내가 겪은 억울함과 치욕과 모욕과 우롱들이 생각날 때마다 너무 힘들어서 스스로 삶을 포기하고 싶다는 생각도 여

순종이 제사보다 낫고

러 번이었습니다.

그런데 그때마다 하나님께서는 내게 "사랑하는 내 딸아 내가 너와 함께하느니라." 하시며 나를 위로하시고 또 붙들어 주셨습니다. '신실하신 주님께서 내 70평생을 책임져 주시고 지켜주셨는데, 내가 왜 스스로 죽어? 내 자신을 죽이는 것도 살인죄를 범하는 것인데, 내가 왜 범죄하고 스스로 지옥에 가려하는 걸까?' 라는 생각을 하면, 나를 우울하게 하고 병들게 하는 사탄의 계략이 떠올라서 소름이 끼치고 무서웠습니다. 그 두려움을 이기기 위해, 나는 사력을 다해 성령 하나님을 의지하면서 외쳤습니다.

"사탄아, 물러가라! 나는 예수님의 십자가의 보혈로 죄 씻음 받은 하나님의 자녀이니라. 사탄아 물러가라!"

한참을 방언으로 기도하며 사탄을 물리치고 나면, 주님께서는 내 마음을 평안하게 하시고 내 마음을 위로하시며 이렇게 속삭이셨습니다.

"세상 사람들이 너를 몰라주고 너를 떠난다고 해도, 네가 모든 소유를 잃고 가난해져도, 나는 너를 버리지 않고 떠나지도 않고, 무시하지 않을 것이다. 내가 너와 항상 같이 하느니라. 너의 억울함을 내가 알고, 너의 슬픔을 내가 함께 하니 두려워 마라. 내가 너를 사랑한다. 강하고 담대하여라. 모든 것 다 내게 맡겨라."

이렇게 주님께서 위로해 주실 때는 마음이 평안해졌지만, 다시 내 심장, 옆구리, 배에서 이상야릇한 소리가 나기 시작하면, 멈추기는커녕 점점 심해지는 듯한 소리에 무섭고 두려운 마음을 감출 수 없었습니다.

하루는 누워서 소리가 유독 크게 들리는 부위를 찾아 배를 여기저기 더듬어보니까 왼쪽 맨 아랫배에 계란만한 혹 같은 것이 만져졌습니다. 이상한 생각에 다시 눌러보니까 그때마다 이상한 소리가 더욱 심하게 들렸습니다. 딱히 아픈 것은 아니어서 다행이긴 했지만, 그렇다고 맘 놓고 있기에는 주변 사람들이 예상하는 여러 질병들이 떠올라서 걱정이 많아졌습니다.

그렇게 이러지도 저러지도 못한 채로 그저 하나님을 믿는 믿음으로 기도하며 버티는 중에, 2008년 어느 날, 그러니까 내 나이 70세에 부산 사는 여동생한테 전화해서 "칠순잔치는 자식들한테 말해서 하지 않기로 했으니 올라와서 밥이나 한 끼 같이 먹고 일주일만 쉬어가라"고 부탁했습니다. 동생은 자기 몸도 불편했을 텐데 언니의 부탁을 외면하지 못하여 올라왔고, 나는 동

순종이 제사보다 낫고

생과 함께 여기저기 다니며 구경하고 맛있는 음식을 먹기도 했습니다. 그러다가 하루는 점심 때 '닭 한 마리' 잘하는 맛집을 찾아 식사를 하는데 내가 착용하고 있던 틀니가 없어진 것을 깨닫게 되었습니다. 분명 집에서 나올 때만 해도 제대로 착용했는데, 식사 중 삼킨 것인지 오가다 흘린 것인지 도무지 알 수 없었습니다. 근심 때문이었는지 갑자기 설사가 나기 시작하더군요. 동생은 멀쩡한데 나만 탈이 난 터여서, 약국에서 약을 사다 먹어도 소용이 없고, 병원에 가서 진료 받고 와도 나아지지 않았습니다. 혹 잃어버린 틀니가 위로 넘어가서 설사를 일으키는 것은 아닐까싶어 엑스레이를 찍어보기도 했지만, 위는 깨끗했습니다. 선생님은 "어머니, 그게 혹 넘어갔더라도 이미 위액이 녹였을 겁니다."라며 괜찮다고 위로해 주었지만, 그렇게 시작한 설사가 한 달을 끌고 보니 사람 꼴이 말이 아니게 되었습니다.

계속된 설사로 인해 식사도 제대로 할 수 없어서 간신히 죽을 먹으며 연명하는데, 하루는 CTS 기독교 방송에서 조용기 목사님이 설교를 마치고 병자들을 위하여 기도할 때마다 신유의 은사가 나타난다는 간증을 듣게 되었습니다. 그래서 '나도 고쳐야지'라는 생각에 조용기 목사님의 설교를 찾아 듣다가, 목사님이 병자들을 위하여 기도할 때마다 나도 아픈 곳에 손을 얹고 기도했습니다. TV를 보며 드리는 예배이고 화면 속에서 말하는 목사님의 축원기도였지만, 나는 현장에 있는 듯 흥분된 마음을 감출 수 없었습니다. 조용기 목사님은 만나는 환자들의 관절, 다리, 배, 심장 등 아픈 곳마다 두 손을 얹고 안수하며, 병 이름을 부르며 하나님께서 치료하셨다고 선포하는데, 순간 내가 화면 속으로 들어가 안수기도를 받는 듯한 착각마저 들었습니다. 아니, 착각이라고 하기에는 너무도 생생한 감동이 전해졌습니다.

그렇게 감격하여 하나님께 "주님, 고쳐주셨으니 참으로 감사합니다."라고 감사기도까지 드린 후에, 2~3일이 지나서였습니다. 갑자기 배가 아프면서 화장실에 가고 싶어져서, 화장실을 찾아 대변을 보는데, 설사같이 이상하게 한 번 쫙 쏟아지더니 아팠던 배가 시원하면서 통증이 사라지는 겁니다. 순간 변화에 멍해져서 머뭇하다가 이상한 기분에 변기 속을 보았는데, 그 순간 깜짝 놀랐습니다. 변기에 대변이 아니라 새까맣게 깨알 같은 것들이 가득 차 있었습니다. 마치 무슨 애벌레가 기듯이 물에 떠서 꿈틀대는 모습에 기겁하여 순간 물을 내려 처리하고는 놀란 마음을 진정하는 데 한참을 보내야 했습니다.

"그게 도대체 무엇이었을까?" 내 몸에서 나왔으니 대소변이라고 해야 하는데, 모양도 냄새도 도저히 대소변이라고 할 수 없었기에 의문이 가시지 않았습니다. 70평생 그런 모양의 이물질이 몸에서 나온 것은 내 자신도 처음이지만 어디서 들어본 적도

142

순종이 제사보다 낫고

없었습니다. 생각하면 할수록 징그럽고 소름끼치는 이물질을 뒤로하고, 다행히도 그 후로 설사가 멈추고 배에서 나던 소리도 사라졌습니다.

나는 평소 하루에 세 번씩 자녀, 가정, 교회, 세계를 위하여 기도했습니다. 말주변도 없고 배운 바도 부족해서 두서없이 드리는 기도지만, 나는 주님이 들어주실 줄 믿고 기도했습니다. 그리고 내 몸속에서 나온 그것이 무엇인지를 계속 질문했습니다.

"주님, 내 몸에서 나온 그것이 도대체 무엇인가요? 가르쳐 주세요. 네? 저는 검은 것을 잘 먹지도 않았는데 왜 그렇게 무섭고 징그러운 이물질이 제 몸속에서 나온 것인가요? 제발, 가르쳐 주세요."

하나님께 기도할 때마다 떼를 쓰면서 두 달을 졸랐더니, 드디어 응답을 주셨습니다. 방언으로 한참을 기도하는 중에 주님의 음성이 들렸습니다.

"사랑하는 딸아, 근심하지 마라. 그 이물질들은 너를 해치려고 3년을 두고 따라다니면서 너의 호흡기를 통하여 인체 해로운 공기가 네 몸속에 들어간 것이니라. 그것들이 네

몸속에 퍼지도록 내버려두면 네가 죽을 것 같아서 내가 네
몸 한구석에 몰아 쌓아 두었다가 설사를 통하여 배설하게
한 것이다."

"그러면 그렇지. 내가 악하고 부족하여 죄를 지을 때, 그 죄로
인해 반드시 죽을 수밖에 없는 나를 긍휼히 여기시는 우리 하나
님 아버지께서 나를 살리기 위해 수단을 내신 것이지."하는 생
각에 눈물로 감사의 기도를 드렸습니다. 또한 마른 막대기만도
못한 쓸모없는 죄인을, 부족하고 배우지 못하고 무식한 이 딸을
이렇게 사랑하시고 살리시는 이유가 있을 듯하여 하나님께 물
어보았습니다.

"하나님, 모질고 질긴 이 삶을 이렇게 계속하게 하시는 뜻
이 따로 있나요? 하나님께서 세우신 계획이 있다면 저는
순종하며 좇겠습니다. 네게 갈 길을 밝히 보여주세요."

나의 간절한 기도에 하나님은 "너는 나의 계획 속에 있느니
라."라고 하시더라고요. 당장 그 계획이 무엇인지, 내가 어디서
무엇을 어떻게 해야 하는지 속 시원하게 말씀해 주시지는 않았
지만, 나는 충분히 하나님의 마음을 느낄 수 있었습니다. 감격하

순종이 제사보다 낫고

여 찬송이 절로 내 입에서 흘러나왔습니다. 하나님의 뜻이 이루어지기를 간구하는 기도가 터져 나왔습니다.

"무식하고 부족한 이 딸을 살리시고 사랑하시는 주님의 큰 은혜를 찬양합니다. 주님께서 내 삶을 돌보시니 내게 부족함이 없습니다. 주님, 제 나이 70이어서 육신이 많이 쇠약해졌지만, 제게 허락된 남은 삶이 온전히 하나님을 위해 쓰임 받도록 인도하여 주세요. 아론의 마른 지팡이에서도 잎을 틔우게 하신 하나님. 오병이어로 5,000명을 먹이신 하나님. 나를 주님의 막대기로 삼으시고 나의 삶을 오병이어로 삼으셔서 온전히 주님의 뜻을 이루시기를 간절히 바라고 소원합니다. 그 일을 이루실 하나님의 신실하심을 찬양하며 영광을 돌립니다. 아멘 할렐루야."

인생이란?

"여호와는 나의 목자시니 내게 부족함이 없으리로다 그가
나를 푸른 풀밭에 누이시며 쉴 만한 물 가로 인도하시는도
다 내 영혼을 소생시키시고 자기 이름을 위하여 의의 길로
인도하시는도다 내가 사망의 음침한 골짜기로 다닐지라도
해를 두려워하지 않을 것은 주께서 나와 함께 하심이라 주
의 지팡이와 막대기가 나를 안위하시나이다 주께서 내 원
수의 목전에서 내게 상을 차려 주시고 기름을 내 머리에 부
으셨으니 내 잔이 넘치나이다 내 평생에 선하심과 인자하
심이 반드시 나를 따르리니 내가 여호와의 집에 영원히 살
리로다" _ (시편 23편)

80평생을 살면서 '성공'이라는 말이 얼마나 우리를 매혹시키
는지, 반대로 또 얼마나 우리 삶을 망가뜨릴 수 있는지 처절하리
만치 혹독하게 경험했기에, 내게 있어 '인생의 성공'은 세상 사
람들이 바라고 추구하는 것과 사뭇 다른 의미를 가집니다. 결론

부터 말하면, "택함 받은 하나님의 자녀로 태어나서 내게 주어진 사명을 잘 감당하며, 부유하지 않아도 부족함 없이, 폭풍우 같은 시련이 닥쳐와서 내가 탄 배가 흔들려도 주님과 함께 있는 고로 잔잔한 호수와 같이 평온함을 누리는 삶!" 나는 이것이 진정 성공한 인생이라고 생각합니다.

이 땅에서 온갖 부귀영화를 누린들 하나님 계신 천국에 이를 수 없다면 누가 그 인생을 성공한 삶으로 여길 수 있겠습니까? 일생을 구걸하며 비참하게 살았지만 그 마음과 생각을 오롯하게 지켜 천국에서 아브라함의 품에 안겨 평안과 행복을 누린 가난한 거지 나사로와 같은 삶이야말로 진정 성공한 인생일겁니다.

그렇습니다. 우리는 다들 100년도 못 살면서, 그 삶속에서 우리가 입고, 쓰고, 소유하는 것들에만 집중한 나머지 참된 인생의 성공에 대해 아무런 관심을 갖지 않습니다. 그래서 결국 죽음에 이를 즈음, 자신의 평생을 돌아보며 비로소 '헛되고 헛되다'라는 탄식을 합니다. 인류 역사상 가장 지혜롭고 가장 부요했고 가장 큰 영화(榮華)를 누렸다는 솔로몬 왕의 마지막 고백이 바로 '헛되고 헛되다'라는 탄식이니, 우리도 다를 바가 없습니다.

하지만, 이러한 사실을 깨닫고 참된 인생의 성공을 추구하는 것은 결단코 쉽지 않은 일이기도 합니다. 나 역시 복음을 들고 예수님을 구주로 영접한 후에도 참된 인생의 성공이 무엇인지 늘 고민만 했지, 제대로 그 길을 좇아 살지 못했습니다. 막연하게나마 "내게 주어진 이 삶을 성실하게 살다가 하나님께 부름받아 천국으로 갈 수 있으면 좋겠다."라는 바람을 가졌을 뿐, 폭풍이 휘몰아치듯 흉흉한 인생의 시련들이 닥칠 때마다 하나님을 원망하며 "그저 이 삶을 빨리 마치고 고통에서 벗어나고 싶다"는 불평만 했습니다. 마치 오늘 일어난 일처럼 생생한, 너무나도 높고 깊은 내 삶의 굴곡과 그 속에서 갈등하고 방황하던 내 모습을 떠올릴 때면 부끄러움에 갑자기 심장이 빨리 뛰고 얼굴이 화끈 달아오르기도 합니다.

다행히 신실하신 하나님께서 나의 삶을 어루만져 주시고, 나의 부족함을 탓하기보다 긍휼히 여기셔서 모난 돌과 같았던 나를 부드럽고 매끄러운 조그마한 조약돌이 되게 하셨기에 나의 일생은 썩 나쁘지 않은, 아니 성공한 인생이라고 생각합니다.

25세에 남편을 만나서 결혼하고 월세방을 얻어 시작할 때, 우리는 수놓는 기술 하나만 의지하여 '성공'하기 위해 밤낮으로 애썼습니다. '땀은 결코 배신하지 않는다'라는 금언(金言)처럼, 불과 2년이 지나지 않아 대지 60평에 양옥집을 지었고, 회사에서는 남편은 회장, 나는 사장으로 부르며 직원을 여럿 두고 일했습니다. 그렇게 한때나마 세상이 '성공'했다고 평하는 부요함을 이룰 수 있었던 것은 분명 당시 우리 부부가 열정을 다해 성실하게 살았기 때문일 겁니다. 그것뿐입니까? 젊은 나이에 승승장구하면서도 착실하고 겸손하다며 "동네 유지가 따로 없다"는 유례없는 칭찬을 듣더니, 급기야는 통장을 맡아 동네 이웃들의 어려움을 해결하는 해결사 역할도 하게 되었지요. 교회에서는 집사 직분을 받고 신앙생활도 열심히 했으니, 그야말로 '완벽한 삶'이었습니다. 성공한 삶으로 보였습니다. 그래서 감사하고 즐겁고 기뻤지만, 그 성공이 신기루와 같음을 오래지 않아 깨닫게 되었습니다.

통장이 되어 이웃집들을 돌볼 때만 해도 괜찮았던 남편이, 동창생들을 만나고, 구청장을 만나고, 경찰서장까지 만나면서, 성동구에서 모르는 사람이 없게 되면서 사달이 나기 시작했습니다. 심지어 고 박정희 대통령시절 '공화당 당원'이라고 하면 오늘날 검찰보다도 위세가 대단했는데, 남편은 당에서 감투까지 쓰고 활동하다보니 매일이 술이었고 바라보는 곳이 세상이었습니다. 성실과 열정의 대상이 가정과 일터가 아니라 술집과 세상 탐욕이 되었으니, 더는 볼 것도 없이 망할 일만 남았다고 해도 과언이 아니었습니다. 안타까운 것은 당시에는 이것을 짐작조차 못했고, 오히려 '성공한 인생'을 위한 발판으로 여겼다는 사실입니다.

한 잔, 두 잔의 술이 1차, 2차의 술자리로 바뀌고, 다시 하루,

이틀의 술자리로 자라더니, 급기야는 몇날 며칠을 들어오지 않고 술을 마시기 시작했습니다. 수중에 있는 돈으로 마시던 술이 소유품을 전당포에 저당 잡혀 마시는 술이 되더니, 집안 물건을 팔아 갚는 술이 되었고, 나중에는 술친구들의 빚보증으로 젊을 시절 우리들의 염원이던, 성공의 상징이던 양옥집까지 경매에 넘기는 비극을 겪기도 했습니다.

가진 것을 모두 잃고 빚 독촉에 시달리는 것, 가정과 사업에 관심이 없는 고주망태 남편을 믿고 기다리는 것, 매일 끝나지 않는 가사며 사업을 위해 잠도 못자며 일하는 것..... 내 삶은 완전히 '실패한 인생' 같았습니다. 아니, 정말 어찌어찌 해서 끝까지 가더라도 아무런 반전 없이 '실패'할 것이 자명해 보였습니다. 그래서 포기하려고도 했습니다. 하지만, 그때 하나님께서 다시 나를 찾아 오셨습니다.

"하나님, 불쌍한 딸이 또 왔습니다. 제가 이 저녁에 왜 왔는지 주님은 아시지요? 하루 종일 땀 흘리며 일하느라 지치고 어려운데, 저는 오늘도 아버지 집에 올 수밖에 없어요. 주님, 어느 때까지인가요? 언제쯤 제 남편이 다시 처음처럼 회복되어 제게 돌아올까요? 아버지께 구하면 주신다고 약속하셨잖아요? 제발, 저를 불쌍히 여기사 고난 가운데 능히 견딜 수 있는 힘을 주세요. 10년이면 강산이 변한다고 하는데, 벌써 두 번도 넘는 시간동안 기

순종이 제사보다 낫고

다리며 기도하는 이 간절한 소원에 응답해 주세요. 가정도 사업도, 모든 것을 포기하고 싶은 순간마다 '내가 너를 안다'라고 위로하신 주님. 이제 저에게 행복한 시간을, 감사의 기도를 드릴 수 있도록 은혜를 베풀어 주세요. 남편을 기억하시고, 마음속 깊은 곳에 뿌리내린 그 상한 마음을 치유하셔서, 오랜 방황에서 건져주세요. 남편이 모든 어려움을 잘 극복하고 하나님께서 귀하게 쓰시는 일꾼이 되게 하시고, 신앙의 삶의 표본이 되는 장로로 성장할 수 있도록 복을 내려 주세요. 성령 하나님께서 의로움의 용광로 속에 우리를 넣으셔서 모든 불의함과 부정한 것을 태우시고 새사람이 되어 하나님 뜻에 합당한 삶을 살도록 인도해 주세요. 주님께서 주신 다섯 자녀들을 말씀과 기도로, 소망과 비전을 품은 자녀로 키울 수 있도록 지혜를 허락해 주시고, 꿈을 펼치도록 지원할 수 있게 경제력도 허락해 주세요. 무엇보다 저희 부부가 서로 사랑하며 서로 지지하며 이 가정을 반석 위에 세울 수 있도록 주님 가르쳐 주시고 인도해 주세요."

매일 밤 성전에 올라가서 펑펑 울며 생떼기도를 하고나면 그래도 마음속에 평안이 찾아왔습니다. 매번은 아니지만 간혹 주님께서 '내가 너의 기도를 듣고 있다'라고 응답하시는 음성을 듣게 하셨고, 그로부터 나와 남편, 5남매가 함께하는 우리 가정의 미래에 대해 확신을 갖고 기쁜 마음으로 감사의 찬양을 드릴 수 있었습니다. 그리고 감사의 찬양과 예배는 곧 회개의 기도로 이어졌습니다. 하나님께서 항상 나와, 또 우리 가족들과 함께하시는데, 그걸 알면서도 조금만 어려운 일이 생기면 생떼만 부리는 것 같아 창피하기도 했고, 하나님께 죄를 짓는 것 같아 용서를 구했습니다. 또한 하나님을 불신하게 하고 하나님께 소망을 두지 못하도록, 부족한 나의 환경과 조건에 눈을 두게 하는 사탄의 궤계에 지지 않으려고 대적기도를 하였습니다. 남편이 다시 술을 먹고 방황할 때마다 나는 우리 가정을 무너뜨리려는 사탄의 계획을 눈치채고, 성령 하나님의 능력에 의지하여 사탄의 권세가 무용지물이 되도록 선포하며 오직 하나님의 영광이 드러나도록 기도했습니다.

그렇게 생떼기도, 대적기도를 드리며 감사의 기도를 드릴 때, 하나님께서 나의 기도에 응답하셨습니다. 어느 날 저녁부터 새벽 7시가 다 되도록 기도하고 집으로 와서 한숨 자고 일어나 일을 하는데, 전날 술에 취해 들어와서 오후 3시쯤에서 일어난 남편이 술국을 끓여달라고 합니다. 답답한 마음이었지만, 무사한 것을 감사하며 일어나서 술국을 끓여 주었더니, 식사하고서 뜬금없이 오산리기도원에 갔다 오겠다고 준비해달라고 하더군요.

'갑자기 무슨?'이라는 의문이 들기도 했지만, 한편으로는 '혹시, 하나님께서 변화시켜 주시려는가보다!'라며 기대가 생기기도 했습니다. 그래서 바로 그 자리에서 마음으로 기도했습니다.

순종이 제사보다 낫고

"하나님 감사합니다. 남편이 기도하러 기도원을 찾아 간다
고 합니다. 주님 맞이해 주세요. 다만 한 시간이라도 남편
을 만나 주세요. 다메섹 도상에서 예수님을 만나서 변화되
었던 사도 바울처럼, 남편이 주님을 만나고 변화하는 기적
을 허락해 주세요. 그리스도이신 예수님 이름으로 기도드
립니다. 아멘"

기도원에 들어간 지 10일쯤 지나서, 남편이 전화를 걸어와서
는 "이번에는 한얼산기도원으로 가서 더 많은 은혜를 누려야겠
다"라며 경비를 보내줄 것을 요청하는게 아닙니까? 워낙 급작
스러운 변화이기도 해서 걱정 반 기대 반의 심경으로 급히 돈을
마련하여 당시 대학 1학년이던 큰딸에게 부탁하였습니다. 딸은
곧 아빠에게 가서 경비를 전하고 돌아왔고, "아빠는 한얼산기
도원으로 가시고 저는 집으로 왔어요."라고 말해 주더군요. '혹
시나' 했던 우려가 사라지고 안도하는 마음으로, 수고한 딸에게
"그래. 잘했다. 고마워"라고 인사하고서, 다시 하나님께 기도하
였습니다.

"하나님 남편이 은혜 충만히 받아서 하나님께 크게 쓰임
받는 장로님이 되게 해주세요."

다시 일주일이 지나고, 남편이 한얼산기도원에서 집으로 돌아왔습니다. 두 주간 집을 나갔다가 들어온 남편은 그길로 술을 싹 끊고 가정생활에 충실한 처음으로 돌아왔습니다. 놀랍고 신기한 하나님의 섭리에 감격하고 감사했습니다. 그동안 나에게 슬픔과 고통을 주었던 남편이 변화되면서 나는 하늘가정의 참 기쁨을 누리게 되었습니다. 그저 그림 한 장 그려 놓으면 가방 매고 고기 잡으러 떠나던 남편이 사업에 손을 보태면서 우리는 처음처럼 땀 흘리며 웃고, 수고하며 감사하는 일터를 회복하였습니다. 덕분에 그 일이 있은 후 채 3년이 지나지 않아 빚도 갚고, 빚보증으로 잃었던 집보다 더 넓고, 더 근사한 집을 살 수 있었습니다. 할렐루야! 남편은 신앙생활도 회복하여 남전도회에서 총무로 섬기기까지 했고, 5남매들은 잘 장성하여 번듯한 직장을 얻어 일하면서 교회에서는 교회학교 교사로, 성가대원으로 섬기며 온가족이 주님 뜻 안에서 가정의 천국을 이루었습니다.

이렇게 행복한 시간이 지금까지 계속 이어졌다면 좋았겠지만 허락된 시간은 그리 오래지 않았습니다. '인생이란 어제와 오늘이 다르고, 단 한순간도 장담할 수 없는 것'이라는 사실과 '인생의 성공'은 궁극적으로 하나님 나라에 이를 때 완성되는 것이라는 사실을 다시 한 번 깨닫게 되는 사건이 벌어졌습니다.

남편이 집중하여 사업에 참여하면서 우리는 안정을 되찾을 수 있었고, 주변의 신망도 두터워져서 4~5년간 꾸준히 성장할 수 있었습니다. 덕분에 주문량이 늘어 잔업이 계속되었고, 이를 적절히 감당하기 위해 생산시설을 증설하기로 하였습니다. 남편과 나는 컴퓨터로 자동 제어되는 자수기계(당시 대당 1억3천만 원 정도)를 한 대 더 사기로 의논하고, 이를 계약하기 위해 100만 원을 현금으로 준비하여 나갔습니다. 당시 100만 원은 오늘날 가치로 환산하면 2~3천만 원정도 되는 큰돈이었습니다. 그런데 계약하러 나간 남편이 일주일만에 돌아와서는 계약은커녕 가지고 간 계약금을 모두 써버렸다고 말하는 것이 아닙니까. 또 술냄새는 얼마나 지독한지. 마치 지난 4~5년간 마시지 못한 술을 단 일주일만에 몰아서 마신 듯, 남편은 완전히 술에 젖어 있었습니다. 답답함과 두려움이 교차하면서 말도 나오지 않는 상황에서 남편이 정신을 차리기만 기다렸다가 사연을 들은 즉 기가 막혔습니다. 남편은 계약하기로 한 사람을 만나러 어떤 다방으로 갔다가 거기서 사주를 보는 사람을 만났다고 합니다. 처음에는 주변의 권유에도 불구하고 "나는 하나님을 믿는 사람이라 사주를 보지 않아"라고 거절했는데, 여러 사람들이 "이건 주역에서 나온 학문의 일종이야. 수천 년의 역사를 가진 일종의 과학인데, 무슨 미신이라고 하는 겐가?"하며 재차 권하기에 '생년월일'을 말했다고 합니다. 그랬더니 그 사주보는 사람이 하는 말이 "당신은 여자 때문에 먹고 산다."면서 "당신 부인은 돈을 잘 벌기만 하지 돈을 쓸 줄은 모르고, 오히려 당신이 다 허비하는 군요."라고 했답니다. 자기 속을 들킨 사람처럼 창피하기도 하고 신기하기도 해서 그 말에 집중하다가 어울리게 되었고, 친구들을 좇아 여자들과 함께 술을 마시게 되었고, 급기야는 그 많은 돈을 탕진하게 되었다는 겁니다.

기가 막혀서 말이 나오지 않았습니다. 눈물이 쏟아지고 마음에 실망감과 분노가 가득했습니다. 남편에게 좋은 말을 할 수 없었습니다. 원망과 탄식의 말이 쏟아졌습니다.

"여보, 그렇게 정신을 못 차리면 어떡합니까? 하나님께서 당신을 어떻게 사랑하셨는지 벌써 잊어버린 건가요? 당신 손목이 펴지지 않을 때 고쳐 주셨고, 우리 공장 지을 때 옥상이 무너지는 큰 사고가 발생했어도 당신을 털끝만큼도 다치지 않도록 지켜 주셨잖아요. 오래도록 중독자처럼 마신 술도 끊고, 다시 처음처럼 열심히 살던 사람이 왜 갑자기 변해요? 왜 다시 실수하려고 해요? 제발 회개하고 앞으로는 술을 입에 대지도 마세요. 제발!"

내 울음 같은 호통에 남편은 다른 변명 없이 "알았어요."라고 대답하더군요. 하지만, 대답만 그렇게 했을 뿐, 악몽이 다시 시작되었습니다. "한 귀신을 내쫓고 집을 깨끗이 청소했더니 다른 일곱 마귀가 들어와 이전보다 더한 지경에 이르게 한다"는 성경 말씀이 왜 하필 우리 가정에 실현된 것인지, 참으로 슬프고 슬펐습니다.

남편은 거듭된 방탕함과 술로 피폐해지더니 급기야는 간경화를 앓다가 간암으로 발전했고, 배에 복수가 차서 고통을 당했습니다. 다른 사람의 빚보증 서주던 버릇이 도져 다시 한 번 집도 경매로 잃고, 결국 우리 일곱 식구가 거리로 나앉게 되었습니다. 3개월의 유예기간을 얻어 살 집을 구하는데 막막하기 한이 없고 서러움에 그만 삶을 포기하고 싶은 순간에 이르기도 했습니다. 하지만, 다시 일어나야 했습니다. 내가 할 수 있는 최선의 방법은 '아버지 하나님께 다시 기도하는 것'이었습니다.

"하나님 일곱 식구 어디로 가야되나요? 석 달이 지나면 이 집을 떠나야 합니다. 제발 피할 길을 주세요. 네?" …… "주님, 두 달 남았어요." …… "이제 한 달 남았네요. 피할 길을 주신다고 하신 주님, 내 형편 아시지요?" …… "아버지, 이제 보름 남았네요. 저 도저히 버틸 힘이 없어요. 제발 살려 주세요"

아침에 눈을 뜨면서부터 다시 잠들 때까지, 나는 쉬지 않고 울며 기도했습니다. 일할 때나 남편 병간호를 할 때라도 내 마음은 하나님을 향한 간절한 기도와 서러움의 눈물로 가득했습니다. 그리고 하나님은 집을 비우기까지 딱 10일 남았을 때, 우리에게 기적을 베풀어 주셨습니다. 우리 집을 구입한 새 주인이 우리의 딱한 사정을 듣고 찾아와서는 "애들하고 갈 데가 없다면서요? 아저씨도 많이 아프다고 하고 …… 아주머니, 당분간 이 집에서 지내도록 해요. 내 보증금 없이 매월 18만 원만 받을게요." 라고 제안해 주었던 겁니다. 얼마나 놀라고 감격했던지요.

부흥회 때 작정헌금을 하고, 앞집에 살던 권사님의 도움으로 재일 한국인 무역상 다나까씨를 만나서 이불에 수놓은 제품을 납품하게 되었고, 그것이 대 히트를 치면서 불과 반년 만에 그 많았던 빚을 다 갚고 독채 전셋집을 얻어 이사할 수 있게 되었습니다. 하나님께서는 나에게 열심히 일할 일터를 주셨고, 다행히 병환중인 남편을 보살피고 한창 자라는 5남매의 교육까지 책임질 수 있었습니다.

나는 늘 내 곁에서 위로하시는 하나님, 내 형편을 잘 아시고 부족하지 않게 채우시는 하나님, 방향을 잃고 멈추어 서 있을 때 내 손을 잡아 바른 길로 인도하시는 하나님이 너무 좋고 너무 감사했습니다.

순종이 제사보다 낫고

1993년 12월 OO일, 투병한 지 10년이 된 그날, 남편이 하늘로 돌아갔습니다. 남편은 불과 56년의 삶을, 그것도 인생의 후반 10년은 병마와 싸우며 고통 받다가, 내게 미안하다는 말만 남기고 떠났습니다. 온가족이 모여 목사님, 전도사님, 그리고 교우들과 함께 "하늘 가는 밝은 길이 내 앞에 있으니 ……" 찬송을 부르는데, 남편은 나를 부르고는 조용히 **"그동안 애썼어요. 정말 고마워. 당신이 내겐 세상에서 가장 아름다운 사람이야"**라는 고백을 남겼습니다. 그 고백이 지난 모든 고통을 위로하기에 충분하지 않았지만, 나는 남편을 용서하고 남편의 평안을 위해, 천국에서의 행복한 영생을 위해 기도하였습니다.

55세의 젊은 나이에 과부가 된 나는 서둘러 아들 셋을 결혼시켜 독립하게 했습니다. 남편 생전에 이미 결혼한 두 딸에 이어 아들 셋이 모두 결혼하여 분가하니 그제야 나의 모든 사명을 다한 듯 여겨졌습니다.

젊디젊은 25세의 나이에 한 살 많은 남편을 만나 30년을 함께하면서, 그중 23년을 애굽의 노예처럼 일하고 울며 기도해야 했던 삶이었습니다. 인생의 모진 순간들만 놓고 보면 분명 내 인생이란 '실패'라고 기억될 만한 일이 많았습니다. 하지만, 그 순간순간들마다 나로 하여금 견디고, 극복하고, 다시 이루게 하신 '하나님께서 함께하셨기에' 나는 성공한 인생이 되었습니다.

　내가 이 책을 통해 나의 간증을 적는 것은 내 삶의 굴곡을 호소하려는 아쉬움 때문이 아닙니다. 또한 내가 인생의 어려움들을 잘 극복하고 성공한 삶을 살았다고 자랑하려는 것도 아닙니다. 나는 배운 것도 없고, 가진 것도 없고, 자랑할 만한 것도 없는 작고 부족한 죄인일 뿐입니다. 그런 내게 하나님은 찾아 오셔서 삶의 소망을 주셨고, 내가 고통당하여 하나님을 찾을 때마다 응답하셨습니다. 나는 내가 살아 온 인생조차 한 마디로 정의할 수 없습니다. 그렇기에 다른 사람들의 인생을 두고 성공과 실패를 말할 재주도 내겐 없습니다. 다만, 나는 내 삶을 '성공'으로 인도하신 하나님 한 분을 알고, 그 하나님께서 나와 같은 사람들을 결코 외면하지 않으시고 늘 지키시며 인도하신 다는 사실을 체험하여 알고 확신할 뿐입니다. 나는 나의 자녀들과 가족들과 이웃들이 이 사실을 알면 좋겠습니다.

> "하나님은 우리의 인생을 통해 하나님의 사랑을 확증하십니다. 우리의 인생은 바로 하나님의 역사입니다. 복된 말과 행실로, 하나님을 찾는 성실함과 믿음으로 천국의 삶을 살기를 바랍니다. 내 삶을 복되게 하신 하나님께 영광을 돌립니다. 주님. 감사합니다."

　　　　　　　　　　　　　순종이 제사보다 낫고